99%的人贏在說話有溫度

說好說滿，不如說話溫暖！
一開口馬上贏得好感的暖心話語學

李勁——著

前言

現在很少有人不知道情商，大家都知道情商的重要性，認為高情商是生活幸福的利器、工作順利的保障、人生成功的要素。

說起情商，每個人都頭頭是道，可情商到底是什麼，人們卻不太瞭解，只有一大堆的定義和概念，卻沒有切實的應用，許多人對情商都是糊裡糊塗的。

其實，所謂情商高，就是說話讓人舒服。這個人會說話，讓你覺得自在舒適，你就會覺得這個人情商高；那個人不會說話，讓你覺得非常不自在，你就會覺得那個人情商低。

可以這麼說，會說話是高情商的一大表現。很多人說，不喜歡情商高的人，因為他們虛偽。其實這是一種誤解。真正的情商高，不是虛偽，而是溫暖。

提高自己的情商，不是讓你去阿諛奉承，不是讓你去投其所好，而是在為人處世的過程中更多地去考慮他人的感受。

究其本質，是讓我們尊重別人的看法，尋找別人的優點，體察別人的需要，把別人放在心上。

仔細想想你身邊情商高的人吧，他們往往很寬厚、很真誠。他們真心熱愛這個世界，真心欣賞其他人，真心去發現萬事萬物的美好。他們懂得悲憫，懂得體諒，懂得換位思考。如果說道德的本質是心中有他人，那麼情商高的本質也是心中有他人。

有人說：「情商高的人有什麼了不起？沒實力，只會投機取巧。」

我覺得不是的，情商也是硬實力的一部分。

有句話說得好：「智商決定你的下限，情商決定你的上限。」

你說話讓人舒服的程度，決定你所能抵達的高度。即使不是為了成功，但如果情商高能讓你自己覺得快樂和幸福，讓你身邊的人也覺得快樂和幸福，那麼何樂而不為呢？

本書立足於暖心話語表達，從讓人舒服的角度出發，講述高情商人士溫暖人心、讓人舒服的語言表達技巧和為人處世的智慧，為你揭示生活幸福、事業成功的秘密。

希望本書能夠給你帶來美好的閱讀體驗，同時也希望它能夠為你帶來不一樣的思考，讓你對人生有更深刻的理解和感悟，並為你人生的美滿幸福增磚添瓦。

目錄 CONTENTS

第三章

會體諒，讓人願意接受你 059

第四章

懂讚美，話語動聽更溫暖 083

CONTENTS 目錄

目錄 CONTENTS

第一章

溫暖的交談，從微笑開始

世界上最美麗的花是什麼？
桃花、梨花、荷花、海棠花……
每個人都會有不同的答案，
但我認為最美的花是微笑。
微笑不僅是最美麗的花，
還是不會凋謝的花，它不分春夏秋冬，
不論東西南北，隨時隨處，皆得綻放。
生活需要微笑，溫暖始於微笑。

微笑是永不凋謝的花

許多人問：「如何展開一次讓人舒服的談話？特別是在與人初次見面時，談話該如何展開？」其實很簡單，首先給對方一個溫暖的微笑。請相信，這是一個最美好的開始。當微笑的花朵綻放時，輕鬆愉悅、溫暖和諧的氣氛便洋溢開來了。

微笑是人類基本的表情之一，也是人類獨有的一種微妙表情，是一種只可意會，不可言傳的語言，是無聲的感召。微笑的魅力和風采有著極其豐富的內涵，它是一種拓展人脈、贏得友誼的力量，因為微笑可以帶給人愉悅的心情。

有個富翁住在豪華的房子裡，吃著美味佳餚，還有僕人服侍他，但不知道為什麼，他心裡很不快樂。雖然自己已經擁有了很多，但是為什麼總是心煩不已呢？

這一天，富翁出門散步，迎面走來一個小女孩。小女孩看到富翁愁眉苦臉的樣子，噗哧一聲笑了起來。

小女孩天真的眼神和甜美的笑容，一下子就感染了富翁。在那一瞬間，他的心豁然開朗：為什麼要不快樂呢，像這樣笑一笑多好啊！

想到這裡，富翁走到小女孩面前，彎下腰說：

「親愛的小姑娘，謝謝妳。」

小女孩很不解，有些驚奇地說：

「爺爺，我什麼也沒有做啊，您為什麼要謝謝我呢？」

看到小女孩充滿疑惑的樣子，富翁笑了起來，說：

「哦，妳不知道，妳可幫了爺爺一個大忙呢。因為妳的笑，讓爺爺知道了快樂的秘密。」

得知小女孩因為家境貧困而輟學後，富翁突然靈機一動，決定成立一個微笑天使助學基金，小女孩成了第一個助學對象。

這就是微笑的力量，小女孩的微笑照亮了富翁灰濛濛的心靈，讓他洞悉了快樂人生的奧秘。可以這麼說，這個微笑對富翁而言是如鑽石一般珍貴的寶物。

微笑可以開啟塵封的心靈，可以給予別人希望，同時也是人與人溝通的最好方式，是和諧社會中一道道亮麗的風景線。蘇格拉底說過：「在這個世界上，除了陽光、空氣、水和笑容，我們還需要什麼呢？」

英國偉大的戲劇家莎士比亞曾經說：「我寧願讓傻子逗我開心，也不要讓一個精明的人令我傷悲。」人生苦短，誰不希望自己在這世上活得開心，天天快樂呢？所以，你想快速打開與人交流的大門，首先要做的當然是讓他開心，而不是讓他傷心、憤怒。

美國著名保險營銷專家富蘭克林．貝特格說：「一個人如果面帶微笑，其受歡迎的指數就會大大增加。」所以，在與陌生人見面之前，富蘭克林．貝特格總是先在門外停留片刻，回想一下那些令他高興的事情，讓自己臉上綻放出開朗、熱情、由衷的微笑，然後再敲門進入。這樣一來，他常常會受到對方的熱情歡迎和接待。

微笑，是「接納」、「親切」的標誌，當我們向對方微笑時，等於告訴對方「我不會害你」、「我對你沒有敵意」、「我對你有好感」、「我想和你交朋友」等。反之，初次見面時如果沒有笑容，就會給對方一種不友好、難以親近的感覺，讓對方感到緊張、恐懼等。總之，微笑的表情是一種友好的表示，它能有效消除對方的陌生感和警戒心。

如果一個人對你滿面冰霜、橫眉冷眼，說話不冷不熱，而另一個人對你面帶笑容、溫暖如春，說話風趣幽默，他們同時向你請求幫助，你更喜歡幫助哪一個？相信大多數人都會回答：「當然是後者。」這就是微笑的魅力。

暖心智慧

微笑是人際關係中不可缺少的溫暖表達。微笑代表友善，微笑是人們內心裡的一束陽光。如果你不太擅長語言表達，就要學會真誠地微笑。

即使不喜歡，也不妨微笑以對

美國著名心理學家桑代克說：「微笑是最好的肢體語言，千萬不要忽視。」以微笑的方式與人交談，能讓他人在心理上和我們產生共鳴，從而贏得他人的歡迎，使自己的工作和生活充滿快樂和幸福。

微笑代表溫暖，同時也是力量。高情商人士懂得運用微笑的力量，即使遇到不喜歡的人、不喜歡的事，他們也能以微笑的態度面對。這不僅是一種有風度、有胸懷的表現，還是一種人生智慧。

一九四五年五月，遠東國際軍事法庭審判以東條英機為首的二十八名日本甲級戰犯時，十個參與國的法官們曾因排定法庭座次，展開了一場非常激烈的爭論。中國法官理應被排在庭長左邊的第二把交椅，但是由於當時中國的國力較弱，因此這個座位的排法被其他強國否決。

在這種情況下，中國法官梅汝璈出庭，為了維護本國的尊嚴，面對列強展開了辯論。他說：「排座次應按日本投降時各受降國的簽字順序排列，這是唯一的正確原則。」接著他微笑了一下說：「當然，如果各位不贊成這一方法，我們不妨找個體重器來，然後按照體重的大小來排座，體重重者居中，體重輕者居旁。」

各國的法官們聽了這個建議後，全都忍不住笑了起來。庭長笑著說：「你的建議很好，但是它只適用於拳擊比賽。」

梅法官接著回答說：「若不以受降國簽字的次序來排座，那就依體重來排座吧，這樣，縱使我被排在最後一位也心安理得，並且可以以此對我的國家有所交代，一旦他們認為我坐在邊上不合適，可以另派一個比我胖的人來換我呀，這樣才公平嘛。」

這個回答再次引得法官們哈哈大笑起來，最後他們同意按簽字順序排座。

在舉世矚目的國際法庭上，法官的座次按體重來排定，這豈不是個天大的笑話！很顯然，梅法官所提出的主張，沒有絲毫可笑之處，但他採用了一種讓人發笑的方式提出來。難道梅法官不懂事嗎？不，梅法官很明白事理，更瞭解當時中國的國際地位，他知道列強是不願尊重事理的。

因此，梅汝璈法官採用了一種講笑話的方式提出自己的主張，嘲諷那些強權的國家依恃強權，踐踏國際公理的醜惡嘴臉。

如此微笑，是高情商的體現，是一種人生境界。在生活中，我們可以運用微笑來化解溝通過程中的許多問題，溫暖對方的心靈，潤滑彼此的關係。

第一，微笑可以很好地化解談話氛圍的不愉快。假如在交流的過程中，遇到愛發脾氣的人、刻薄挑剔的人或出言不遜的人，不必與之針鋒相對，這時微笑往往比口若懸河更可貴。我們不妨以微笑化解對方的攻勢，從而以靜制動，以柔克剛，進而擺脫窘境。

第二，遇到尷尬時可以微笑化解。進入陌生的場合，如果你感到緊張，或找不到話題時，你可以微笑，幫助自己鬆弛緊張的神經，同時也可以消除他人的戒備心理，讓他人對你產生好感。

第三，拒絕他人時要學會微笑。冰冷的拒絕會讓人有受傷害的感覺，讓人下不來台，從而影響彼此的關係，甚至可能讓人心生怨氣。怎麼辦？——微笑。在拒絕的時候學會微笑，既能緩和緊張的情緒，免使對方難堪，又能免去言語不周而導致的麻煩。

第四，用微笑表達歉意，更容易得到對方的原諒。俗話說：「伸手不打笑臉人。」微笑是一種和藹友善的表示。致歉時微笑，可以幫助你控制自己的情緒，也能展現你主動熱情、坦率大方的個性，讓人感受到你的真誠友好，讓你更容易得到對方的諒解。

> **暖心智慧**
>
> 生活中遇到不喜歡的人和事是常有的事情，但難道這些人和事就應該讓我們失去微笑和溫暖嗎？若能夠以微笑的態度面對生活中的不如意之事和不喜歡之人，這不只是一個人有修養和風度的體現，同時也是一種高明的人生智慧。

學會將問題笑著說出來

微笑是友好交談的潤滑劑，帶給他人的溫暖是無價的。它可以展示出你的自信，也是有禮貌的象徵。

如果我們心中有難言的問題，也可以微笑著表達出來，這樣既可以避免矛盾的發生，同時又可以解決問題。

俄國著名作家赫爾岑應邀參加一個晚宴。席間，他被宴會上輕佻的音樂弄得十分厭煩，但他身為貴賓，隨意離席就會顯得不太禮貌。苦惱之餘，他乾脆用手捂住耳朵。

宴會的主人見狀，忙上前詢問：「對不起，你不喜歡他們演奏的流行樂曲嗎？」

赫爾岑反問道：「流行的樂曲就都是高尚的嗎？」

主人聽了，甚感詫異：「不高尚的東西怎麼會流行呢？」

赫爾岑微笑道：「那麼，流行性感冒也應歸類為高尚嗎？」

主人啞然，也笑了起來，忙給赫爾岑道歉，表示自己考慮不周。赫爾岑借此機會，起身離開座位，躲到角落裡去了。

雖然不喜歡輕佻的音樂，但赫爾岑沒有直接表示自己的反感，而是微笑著將自己的不滿說出來，不僅表現出了自己的涵養，同時也讓宴會的主人不致感覺過於尷尬。由此可見，微笑著表達是一種巧妙的說話方式，不失溫暖。

平日裡，有些人經常會吃人情虧，可為了保持面子和本著不傷和氣的原則，不少人都會選擇「啞巴吃黃連」。在這種時候，要是你能夠巧妙地將自己的不快以微笑的方式表達出來，就可以輕而易舉地幫自己解決煩惱。

王先生從朋友那裡買了一個新電錶，裝好之後才知道電錶有問題，轉得太快，這讓王先生不勝煩惱。

等他去找朋友時，才發現朋友去四川出差了，要一週左右才能回來。王先生沒有辦法，只好等著。等朋友回來後，王先生馬上把他帶到了家裡。

「回來了，四川遠不遠？」

「遠啊，走好幾天呢。」

「怎麼去的，花了多少路費？」

「火車嘍，花了五百多元。」

「嗨！早知道如此費工夫還花這麼多錢，我這裡有個快的寶貝讓你坐上多好呀！」

「什麼寶貝？是你的？」

「是啊，你看你坐火車幹嘛呀？多受罪。好幾天才能走五百塊錢的，我這個可快多了，一天就走了五百塊錢的。」

說完，王先生便把朋友帶到電錶前，笑著說道：「以後我去哪裡，絕對不用坐火車了。你送來的這個電錶跑得快著哩！」

生活中很多人都會遇到與王先生類似的煩惱，有的人選擇直接控訴，與對方鬧起來；有的人選擇冷處理，疏遠彼此的交往。

這兩種處理方式，都不太好。而王先生將自己的不滿微笑著說出來，不失為一種極佳的處理方式。

無論遇到什麼樣的事情，都不要急躁，也不要發脾氣，不要讓自己陷入不良的情緒中，完全可以冷靜下來，微笑地表達自己的觀點和訴求。

美國鋼鐵公司第一任總裁查爾斯・史考伯是一個善用微笑說話的人。一天中午，他經過自己的鋼鐵廠時，無意中發現有幾個工人正坐在地上吸菸，他們的正上方掛著的一塊大牌子，上面寫著「禁止吸菸」四個大字。

史考伯沒有發怒，而是面帶微笑地走過去，友好地遞給工人幾根雪茄，然後認真地說：

「夥計們，如果你們能到外面抽掉這些雪茄，我將感激不盡！」

幾個吸菸的工人頓時覺得很不好意思，立即把手中的菸掐滅，並對史考伯產生了由衷的好感和敬意。

試想一下，如果你指著那塊大牌子對吸菸的工人說「難道你們不識字嗎」，結果會怎麼樣？即便工人不會拿你怎麼樣，但他們的內心肯定會有怨恨。史考伯沒有直接批評和責罵工人，而是使用充滿人情味的方式，微笑著讓員工愉快地接受了自己的批評。

這樣的表達，具有春風化雨、潤物無聲的效果，既能達到批評教育的目的，又能讓被批評者獲得情感上的尊重，營造出一種輕鬆愉快的溝通氛圍，拉近彼此之間的距離，堪稱最高明的批評之道。

小李最近突然迷上了網路遊戲，下班後還經常「加班」打遊戲。有一天晚上，公司總經理下班發現小李還在辦公室，以為他在加班，走近一看，發現他卻在玩遊戲，心中有些不滿。

總經理本想上前批評小李一頓，但轉念一想，公司規定上班時間玩電腦遊戲者要被罰款，而現在是下班時間，如果罰款，員工心裡肯定不服，而且未必能起到說服教育的作用。

於是，總經理走上前去，輕輕拍了拍小李的肩膀，微笑著說：「小李啊，這麼晚了，還在奮戰，可要多注意身體呀！」

小李回頭一看是總經理，頓時覺得羞愧萬分。從此以後，他再也不在辦公室裡玩電腦遊戲了，而且工作上更加兢兢業業。

文武之道，一張一弛。能夠微笑著將問題說出來，才算是張弛有度。當然，要掌握這樣的說話技巧並不容易，需要注意以下兩點原則：

第一，語言要簡潔易懂。如果使用一些生僻的字眼，往往曲高和寡，使人如墜雲霧，影響說話的效果。而在這樣的情況下，你的微笑在別人眼裡就會成為清高傲慢的表現。

第二，忌講髒話。粗俗的笑話、取笑別人的生理缺陷或許能引人發笑，但這種笑話容易引起當事人的不快和不滿，使溝通產生障礙。

將他人的問題和自己的訴求微笑著說出來，這種充滿善意和溫暖的方式如同一股涓涓細流，不僅能保護他人的自尊心，還能讓人看到你的風度，讓對方更容易接受你的訴求。

> 暖心智慧
>
> 將遇到的問題微笑著說出來，不僅可以化解緊張的氣氛，讓彼此的關係變得緩和，還可以很好地處理事情。

你心若微笑，他心便有溫暖

常聽人這樣問自己：「為什麼他言語風趣，讓人感到溫暖，備受他人歡迎，而我就不行呢？」假如你也有這樣的問題，那就仔細地審視一下自己的內心吧。

一個消極悲觀的人，是很難笑起來的；一個滿是狐疑的人，在言談中也難以透出暖融融的春意。

心靈裡有笑意，你的世界才會溫暖，他人才願意接近你。微笑，不僅能反映出一個人對待生活的豁達態度，還能展示出他對自身力量的絕對自信。

看一看那些積極樂觀的人，不管遇到什麼事情，他們都會保持微笑。他們為人寬容，不會斤斤計較，懂得與人為善，就算被別人傷害了，他們也不會針鋒相對，反而能以微笑面對，讓自己的生活更加豐富多彩。

一九五二年，美國總統尼克森前往蘇聯訪問。在跟蘇聯領導人進行會晤後，尼克森又按原定計畫訪問蘇聯的其他城市，蘇共總書記布里茲涅夫親自到莫斯科機場為他送行。

不巧的是，總統專機在起飛前突然出現故障，機場地勤人員立刻進行緊急檢修。布里茲涅夫站在遠處看著，眉頭越皺越緊。

為了化解當時的尷尬，布里茲涅夫故作輕鬆地說：「總統先生，真對不起，耽誤了您的時間！」一面說著，一面指著飛機場上忙碌的人群問：「您看，我應該如何處分他們？」

尼克森笑呵呵地說：「他們應該得到提升！如果他們不是在起飛前發現了故障，而是等到飛機升空才知道，那該多麼可怕啊！」

飛機在起飛前最後一刻出現故障，這確實會讓人感到煩躁、不滿。然而，尼克森總統卻能夠從另外一個角度看問題，運用輕鬆的言辭，以微笑的方式樂觀對待，將一件壞事轉變成了好事。

尼克森總統的樂觀跟他的健康心態有著直接的關係，因為一個錙銖必較、悲觀消極的人不可能從正面看問題，只有在積極樂觀的情況下，一個人才會有從壞事情中發現積極的一面的能力。

法國著名的文學家巴爾扎克一生多有坎坷，年輕時就已經債台高築，經常因一點麵包、蠟燭和紙張而煩惱。他一生的創作都在痛苦和貧困中度過，而且幾乎得不到任何人的理解。

但他有一顆微笑的心靈，他說：「債主迫害我像迫害兔子一樣，我常像兔子一樣四處奔跑。」就算在這樣艱難的生活條件下，巴爾扎克仍然可以風趣地描述自己的窘迫。

一天夜裡，有個小偷進入了巴爾扎克的房間，並在他寫字檯的抽屜裡翻找值錢的東西。這小偷不太專業，翻弄的聲音太大，竟然把睡夢中的巴爾扎克吵醒了。

「哈哈哈哈……」巴爾扎克躺在床上大笑起來。

小偷驚慌失措地問：「你笑什麼？」

巴爾扎克又笑了一會，然後回答說：「我的好夥計，在我白天都找不出一枚硬幣的抽屜裡，你居然打算在黑夜從裡面找出錢來！」

我們在巴爾扎克的作品中，雖然可以看到最辛辣的諷刺，但也能看到他的諷刺都包裹著一層快樂的外衣，使讀者在歡笑之餘領悟真諦。

微笑，是一個讓我們擺脫外界煩惱，從內心裡快樂起來的重要法寶。誠然，這種心態很難一直維持下去，但只要你願意嘗試，從點點滴滴做起，就能讓自己變得越來越樂觀。

其實許多時候，我們需要的只是轉變一下自己的心態，就可以讓自己的內心充滿笑意，讓自己的世界溫暖如春，過上美妙的人生。

在兩個人的面前，各放著一片麵包。第一個人看了以後，高興地說：「我還有一片麵包呢。」第二個人看了後，苦著臉說：「我只有一片麵包了。」對待同樣的一片麵包，兩個人的態度卻截然相反，這就是心態所起的作用。積極樂觀的人，在那一片麵包中得到的是滿足，看到的是希望；而消極悲觀的人，得到的是不滿，看到的是絕望。

境由心造，相由心生。一個人能否活得輕鬆、愉快、幸福，並不是取決於他擁有了什麼、得到了什麼，而是取決於他的內心是否有笑意。

當一件不好的事情已經發生，就意味著成為過去的損失已經不可挽回，又何苦再賠上自己的情緒呢？還不如讓自己積極樂觀些，使事情朝著積極健康的方面發展。

懂得這樣看待生活的人，不管一生的際遇如何，都必定會與微笑為伍。而且，一旦你擁有了這種生命觀，溫暖就會與你形影不離，伴隨你一生，讓你成為一個開朗的、受人歡迎的人。

”暖心智慧

心若溫暖，無謂悲傷。溫暖的微笑，積極的話語，可以帶給人良好的情緒，無論是對自己還是對他人，都具有不可估量的作用。如果我們能夠常以微笑待人，久而久之，改變的不只是周圍人對我們的態度，還有我們內心的狀態。

面對困境，勿忘保持微笑

有人問：「這世間最有感染力的東西是什麼？」我認為是微笑。這世上恐怕沒有比微笑更能感染人的東西了！面對生活中的種種不如意，我們通常會逐漸心理失衡，或悶悶不樂，或鬱鬱寡歡，或牢騷滿腹，或怒髮衝冠。

假如我們以這種焦躁的情緒待人處世，自然會將自己的生活弄得一團糟。而微笑，是煩惱的最大剋星，能改變我們灰暗、消沉的心境，幫助我們重獲自信、激情和興致，恢復最初的精神爽朗、心情舒暢。

美國有一位傳奇式的教練叫佩邁爾，他帶領的迪鮑爾大學籃球隊在蟬聯三十九次冠軍後，遭到一次空前的慘敗。記者們在比賽後蜂擁而至，問他有什麼感想。

佩邁爾微笑著說：「好極了，我們現在可以輕裝上陣，全力以赴地去爭奪冠軍，背上再也沒有包袱了。」

比賽失利本是令人極其沮喪的事情，但在樂觀積極的人看來，失敗也是邁向成功的一級台階。

佩邁爾教練微笑著說出的話語中，蘊含著豁達的人生智慧。他的修養使他看到事物的另一面，他在冠軍的稱號中看到了包袱，而在失去冠軍的剎那看到了某種從零開始的心理優勢。

他的微笑不僅能夠減輕隊員的壓力，還有指導實踐的意義。微笑的力量在於調節，它能使人領悟到失意或煩惱的真諦，積極創造新的希望，從而達到心理的平衡。

挫折既然不可避免，我們不妨換一個角度來看待人生的不如意。就像英國著名作家威廉・薩克萊所說的那樣：「生活是一面鏡子，你對它笑，它也會對你笑；你對它哭，它也會對你哭。」因此，笑對生活，輕裝上陣，是克服困難、挫折的最好方式。

愛迪生有一次坐火車，被人打了一記響亮的耳光，就是這一記罪惡的耳光，導致愛迪生後來耳聾。假如換一個人，面對影響自己一生的身體殘疾，可能會受不了。

但是，愛迪生對自己的缺陷不以為意，他以微笑面對厄運，幽默地說：「耳聾幫我杜絕了跟外界的無聊談話，使我能更為專心地工作。」

在大多數人眼中，傷殘疼痛是生命中苦不堪言、沉重不堪的羈絆。可對有志之士、有識之士來說，這是一種幸運。他們以樂觀的態度對待生活，以微笑的方式應對挫折，不僅改變了生活，還開闊了自己的心胸，提升了自己的人生境界。

古時候，有一位姓邢的進士，他生得身材矮小。一日，他在鄱陽湖遇到強盜。強盜搶了他的錢財，還準備殺害他。

就在強盜舉起刀之時，邢進士以風趣的口吻對強盜說：「人們已經叫我邢矮子了，若是砍掉我的頭，那不是更矮了嗎？」

強盜被他的機智給逗笑了，放下了刀，饒了邢進士一命。

遇到兇惡的強盜，而且又是寡不敵眾的形勢，如果硬要與對方針鋒相對地進行爭辯，只會使形勢惡化，加速自己的死亡；而邢進士微笑以對，一句幽默笑談，令兇殘的強盜放下了屠刀。可見，樂觀之人，確實容易感染人。

在生活中，我們會遇到很多對我們不利的場合，假如我們能借助幽默的語言予以化解，那麼我們就可以把握局勢，化解危機。

總而言之，無論遇到何種淒風冷雨，都要保持微笑，因為微笑就是溫暖。人生中總會出現困難和煩惱。有的人會在窘境中掙扎，會因失意而蹉跎，甚至會被突然而至的暴風雨擊倒；有的人借助樂觀的心態，以微笑的方式對待人生中的困難與煩惱，使自己在人生道路上輕裝前行，最終通過了生活的種種考驗。

微笑，就像一種緩衝機制，可以使人遠離對抗、失望和悲觀的情緒，用寬容、發展的眼光看待生活。

”暖心智慧

我以微笑對待生活，生活必以微笑對待我，對人也如此。在艱難的境遇面前，若能保持微笑，這不僅對自己是一種良好的激勵，對他人也是一種良好的安撫。尤其是在心靈的困境中，微笑具有不可思議的溫暖力量，足以撫慰人心。

第二章

多用心，說話得體方暖心

著名企業家馬雲說：
「傻瓜用嘴說話，
聰明人用腦說話，
智慧人用心說話。」
人長了嘴巴就要說話，
可若是不用心隨便亂說，
則非但不能帶來好的結果，
還會傷害他人。
用心說話，才能溫暖人心。

好感難得，話要暖心須三思

說話的時候，人們大都抱著一個良好的願望，希望把問題解決好，把人際關係處理好。但是在實際生活中，許多人因為沒有想好應該如何說，結果話說得不得體，招來各種各樣的麻煩。

有位女孩早晨上班時在電梯前遇見了同事阮姊，打過招呼之後，女孩看了看阮姊的打扮，說道：「哎喲喂，阮姊，妳今天的衣服搭配得很彆扭啊！妳這身衣服和髮型不搭啊！」結果阮姊因為那女孩說的話，生了一天的悶氣。

有位老人家在路上遇到鄰居，打了聲招呼，鄰居問他去幹什麼，他回答說去看音樂劇。那鄰居聽了之後，說道：「嗨，這就是小市民趣味啊！有什麼可看的呢？」分手後，老人家走在路上，心頭總不是滋味，嘴裡則不斷地念叨著：「什麼叫小市民趣味？什麼叫小市民趣味！」到了劇院門口，他想了好一會，最終沒有買票，但心裡始終有種不舒服的感覺。

假如你是阮姊，聽到那樣的話，心裡會高興嗎？假如你是那位老人家，聽到別人說你小市民趣味，心裡會是什麼感受呢？嘴裡說不出好話沒關係，但千萬別沒事往別人身上扎刺，讓人討厭。

所以，在平日裡說話的時候，一定要深思熟慮、謹言慎言，不要出口太快。如果口不擇言，那麼極有可能造成不必要的尷尬和誤會，甚至導致人際關係的破裂。我們很可能被自己的不慎之言所傷，而自己還不知道呢！

《論語》有云：「三思而後行。」意思是說，應該考慮清楚再行動。做事如此，說話也是如此，要三思而後言。說話之前要經過縝密的思考，這樣才不至於說錯話。

會說話的人，他們瞭解別人的心理和喜好，話說出口，能讓人感覺很舒服。即便是原本不好的事，換一個角度去表達，也會有不一樣的效果。

國畫名家俞仲林先生畫的牡丹聞名遐邇，有個人慕名買了他親手繪的一幅牡丹圖。誰知這個人的朋友來訪看到後，竟大呼不吉利：「你看，這牡丹根本沒有畫完整，缺了一角。你不知道牡丹代表富貴嗎？缺角豈不是富貴不全？」

這個人大吃一驚，連忙把畫拿了回去，想請俞先生重畫一幅。俞先生聽他說完事情的經過，告訴這個人：「這幅畫的寓意不是這樣理解的。牡丹代表富貴，沒有這麼一邊，就是富貴無邊，怎麼會富貴不全呢？」這個人一聽，恍然大悟，十分高興地把畫帶回了家裡。

本來不太滿意的事情，經過俞仲林先生換一個角度表達，就變成了滿意。因為他知道，別人求畫多數時候是為了討個好彩頭，若沒有準備好的說辭，對方恐怕是不會買帳的。你看看，這麼一個「富貴無邊」，立刻就讓人歡天喜地。

由此看來，如果我們說話時不加注意，就很可能傷人敗興，引發誤解，招致怨尤。因此，我們一定要做到「三思而後言」。

那麼，說話之前都需要思考哪些方面呢？很簡單，思考一下對方的身分，思考一下所處的場合，思考一下話語的輕重，思考一下對方的接受能力……總之，我們要確保自己所說的每一句話都是恰當的、合理的、不傷人的。

暖心智慧

在人際交往中，好感難得，惡感易成，所以我們一定要謹言、慎言，做到「三思而後言」。我們必須明白，這個世界上沒有賣後悔藥的，一旦說錯了話，對別人造成了傷害或導致了無法彌補的局面，那麼想要收回就不可能了。

到什麼山上，就唱什麼歌

我們在與人交談的時候，不能想說什麼就說什麼，有些話是不能說的，一定要注意。交談時必須看對象，從對象的不同情況、不同特點出發，說不同的話，這樣才能營造出一種和諧、融洽的交流氣氛，更好地達到交流的目的。

明太祖朱元璋出身貧寒，做過牧童、和尚、乞丐，經歷了很多的磨難，最終登上了皇帝的寶座。朱元璋富貴了之後，昔日的窮親戚、窮朋友都來京城投靠他。這些人都以為朱元璋會念在昔日共同受苦的情分上，給他們個一官半職。誰料到，朱元璋最怕的就是別人知道他的老底，翻他的舊帳，因為這樣會有損他的威信。因此，朱元璋對來訪者大都拒而不見。

不過，有位兒時的好友能耐不小，幾經周折總算進了皇宮。朱元璋不得不見上一面，誰知那兒時好友一見面，便非常不客氣地說：「哎呀，朱重八，你當了皇帝可真威風呀！還認得我嗎？當年咱倆一塊光著屁股玩耍，你幹了壞事總是我幫你頂著。記得有一次咱倆一塊偷豆子吃，你吃得太急，豆子卡在喉嚨裡，還是我幫你弄出來的。怎麼，不記得啦！」

聽著那位老兄喋喋不休越說越離譜，朱元璋臉色很難看，最後實在忍不住了，大喝一聲：「住口，你是什麼人，敢在這裡大放厥詞，來人，給我拉出去斬了。」就這樣，那人還不知道自己什麼地方做錯了，就稀裡糊塗地丟了性命。

貧困潦倒的朱元璋和登基為帝的朱元璋當然不可同日而語，所以即便是同一個人，當他的身分和地位改變時，我們的說話方式也要跟著改變。這就告訴我們，說話一定要看對象，否則很容易激起對方的反感，甚至招致不必要的麻煩。

由於交談雙方的性別、年齡、閱歷、職業等有所不同，我們在交談中經常會發現彼此有不同的興趣愛好、關注話題等。如果選擇雙方都不感興趣或僅有一方感興趣的話題，交談只能不歡而散。所以，在交談的過程中，我們要特別注意與談話對象的不同之外，具體包括以下幾點：

第一，文化水平的不同。當我們與文化水平相對較低的人說話時，應該盡量使用淺顯易懂的語言，這樣對方才能聽明白、聽清楚；而與文化水平相對較高的人談話時，則需要注意語言的潤色和修飾，適當使用較為正式的談話方式，這樣才能讓對方覺得談話符合自己的身分和水平。

第二，身分地位的差異。談話對象往往有著身分、地位的差別，所以我們說話不能太過隨便，而應該根據對方的身分、地位適當地調整自己的說話方式。比如，說話對象是個紳士，我們就要用紳士的說話方式來對待他。只有懂得根據說話對象的身分、地位說話，才能更好地與其溝通。

第三，彼此關係的區別。通常情況下，說話者與聽話者之間會有平等、上下、親疏等不同關係，所以說話的多少、語氣的輕重、話語的親密程度等都應該有所區別，這樣才能使談話氛圍和諧、融洽，使溝通卓有成效。一般來說，對於家人、朋友等關係比較親密的人，說話不必太過講究，表達符合一般規範即可，但對於初次見面的人，則一定要注意說話的方式和技巧。

第四，性格特點的不同。在人際交往中，每個人的性格都是不同的，我們需要根據對方的性格特徵調整自己的說話方式。比如，對傲慢無禮的人，我們應該盡量簡潔地說，正所謂「多說無益」；對少言寡語的人，我們應該直截了當地說；對直爽的人，我們應該做到坦誠地說；對有禮貌的人，我們應該做到謙遜地說；對粗心大意的人，我們可以把話分成幾部分來說；對行動遲緩的人，我們要有耐心地說；等等。

第五，年齡大小的區別。對小孩或同齡人，說話要坦誠、親切；對老人或師長，說話時要充滿尊重，讓對方覺得你這個晚輩懂禮貌、有教養。

總之，說話之前要察言觀色，瞭解清楚交流對象再開口，這樣才能保證說話的有效性。

暖心智慧

與不同的人交流，要採取不同的方式，其中最容易掌握的就是話題交流的方法。如果我們能夠本著求同存異的原則，選擇雙方都感興趣的話題做為談話內容，便可使雙方在交談過程中產生共鳴、彼此呼應。

直言快語，冷臉更冷心

在日常生活中，我們是提倡直言快語的。因為直言快語的人率真，是非分明，不會模稜兩可。從這個角度來說，直言快語是彌足珍貴的品質。但是，直言快語也要注意分寸。事實上，在人際交往中，直言快語是一把「雙面刃」。

有人覺得直言快語是真性情，但真性情是讓你說真話，不是讓你說難聽的話。你可以吐槽朋友胖，但你不能說她「肥得像頭豬」。調侃和侮辱是兩回事，直率和輕重不分也是兩回事。

在很多時候，當你想一吐為快時，你鋒利的「語言之劍」就會在不知不覺中傷害自己或他人。

有個人去喝別人家孩子的滿月酒，賓客紛紛稱讚白白胖胖的娃娃讓人看著喜愛，而他偏偏直言快語地說：「這孩子以後會胖死。」結果被主人家狠揍了一頓。

這個人說的話不對嗎？他說的是大實話，可是，在這樣的場合，說這樣一句話，讓人覺得晦氣，明顯是找不自在。

因此，與人交談時，最好不要說晦氣的話，讓人不自在還是小事，說不定還會討來一頓打。多說好聽的話，討個好口彩，能讓我們更受歡迎，何樂而不為呢？那麼，我們該怎樣討個好口彩呢？

很多人覺得自己說話沒什麼水平，其實每個人的表達能力都很強，只要轉變一下思路就可以了。任何話語都有兩種表達方式，一種是聽上去讓人感覺美好的，一種是聽上去讓人覺得不爽的。說出的話最終效果如何，就看你怎麼說。

孔子對說話之道有一句非常精闢的總結：「可與言而不與之言，失人；不可與言而與之言，失言。知者不失人，亦不失言。」大意就是，可以同他談論的話卻不和他談，這就會失去朋友；不可以同他談論的話卻和他講，這就是說錯了話。一個真正有智慧的人，能做到既不失去朋友，也不說錯話。

小雨是一個很有禮貌的人，一次，一位朋友幫他做了點小事，他馬上說了聲「謝謝」。

朋友很奇怪地問：「大家都這麼熟悉了，還用得著這麼客氣嗎？你這樣讓我很不習慣呀！」

小雨說：「再熟悉，你也沒義務對我好啊，你幫了我，讓我很開心，這說明你仗義，說明你這人好，既然幫了我，我當然應該感激你，不能因為熟悉而不表示感謝，對吧？」

後來，朋友逢人就說小雨的好話。

哪怕是朋友之間，也要注意說話的方式，少一點直言快語，因為朋友的心也是肉長的，也有情緒，也有好惡。雖然朋友之間因為瞭解會多擔待一些，但有些東西也是冒犯不得的。記得，朋友的心也有傷不起的地方。因此，說話做事要注意別傷了對方的心。

即使是對最熟悉、最親切的人，也要保持尊重和耐心。很多人對陌生人很有禮貌，對家人、伴侶或好友卻極不耐煩，經常翻臉，因為覺得對方不會生氣就認為無所謂。但是為什麼不把你的溫柔和體貼、你的快樂和美好留給最愛你的人呢？

如果你也是一個直言快語的人，請務必深刻地反思自己，並盡力在說話時做到以下兩點：

第一，在對人方面，盡量少直言不諱地指出他人處事的不當，盡量少指責他人性格上的缺陷或弱點。要知道，那樣做並不是「愛之深，責之切」，而是和對方過不去。而且，你的直言快語也不會產生多少作用，因為每個人的心中都有一座堅固的堡壘，他的「自我」就藏在這座堡壘裡面，你的直言快語恰好把對方內心的堡壘攻破了，讓對方的「自我」無處藏身，對方當然會不高興。因此，能不說就不要說，要說也不能直來直去，而要委婉曲折地說、點到為止地說，至於他聽不聽，那是他的事，和你無關。

第二，在對事方面，盡量少批評其中的不當。無論什麼事，都是由人規劃、由人做的，因此，批評事也就等於批評人。除非你力量超大、地位超高，否則直言快語只會給你帶來麻煩。如果你的直言快語能夠糾正別人的錯誤行為或者改變事實，那麼帶來一些麻煩倒還值得；如果起不到任何作用，那麼還是閉上嘴巴為好！

暖心智慧

關係越親密，人們往往講話就越直，有的甚至很難聽，因為他們覺得和關係親密的人沒必要說話委婉。然而，直言快語是人際關係的致命傷。因為關係親密而說話太直，很容易導致朋友變成怨敵。

話說得太滿，事情不成人心冷

話說得恰到好處，人聽了才會舒服。話說得太滿，就難免出問題。古人云：「美酒飲到微醉處，好花賞到半開時。」這句話告訴我們，做人做事要留有餘地。因為大醉不省人事，便不能體會飲酒的快樂；花朵完全綻放，則到了凋謝的時候。其實說話也是如此，需要留有餘地，這樣才會有回旋的空間。如果話說得太滿，沒有餘地，則會帶來很多麻煩。

有個人愛吹牛，一次聚會，他聽一個朋友說要張羅一場盛大的婚禮，需要借用十幾輛轎車，就主動表示：「你這事就交給我吧，我認識人，到時候給你弄幾輛好車。」朋友聽了很高興，當即就把事情拜託給他了。他拍著胸脯說：「沒問題，你就放心吧，到時候你直接來開車就行了。」

婚禮前一天，張羅婚禮的朋友來了：「你看那轎車……」他恍然想起借車的事情，一拍腦袋驚叫：「哎呀，你看看……小事一樁，我馬上打電話給你找車來。」

說完，他開始打電話，然而找了好多人，都說車子自己要用不能出借。最後，他費盡了力氣，也只借到了幾輛而已，遠遠不夠。沒辦法，他只好把實際情況告訴朋友，表示自己現在沒辦法弄到那麼多車子。

朋友十分氣惱：「你這個人，怎麼能這樣呢？當初你拍著胸脯保證能弄到車，我還以為這事情真的沒問題呢，現在事到臨頭了，你卻跟我說弄不到車了。你這不是坑我嗎？這事辦不成，你倒是早點告訴我啊，也讓我有個準備。現在弄得……」

他滿臉羞愧地說：「你看這事弄的……都怪我，都怪我，真不好意思。」朋友懊喪地搖搖頭：「你這人真是！」這件事很快傳開了，自此以後大家都不太願意和他一起辦事，擔心他耽誤事情。

說話斬釘截鐵，不留餘地，聽起來好像信心十足，也很容易得到別人的信任，但實際上很容易出意外。因此，我們說話的時候，千萬不要給出承諾。

特別是對別人的託付，我們可以答應，但是不要輕易去「保證」說「肯定沒有問題」，除非你真的非常有把握。我們可以說：「我盡量，我試試看，如果能夠辦成，我會給你回電話，你也想想其他的方法，免得萬一耽誤事情。」這樣的話說出來，對方聽著也舒服，同時也提醒了對方進行多手準備，以免事情辦不成，落下埋怨而影響彼此的關係。

其實不僅在承諾的話裡要注意留有空間，在其他一些場面上說話，也要注意有所保留，避免因話說得太滿而對自己的形象造成不良的影響。有的人喜歡說狂言、狠話，結果鬧出一些尷尬的局面，無法收拾。

有個人因在單位裡與同事之間發生摩擦，弄得很不愉快。一怒之下，他對那位同事說：「從今以後，我們之間一刀兩斷，再無瓜葛！」說完這話三個月後，那位同事成了他的上司。因自己講了過重的話，再見面難免尷尬，所以他只好離開，另謀他就。

可見，要少對人說狠話，多給人留餘地。說話太滿就像把杯子倒滿了水一樣，再也滴不進一滴，否則就會溢出來；又像把氣球充滿了氣，再充就要爆炸了。

另外，在交談過程中，還要注意自己的態度，不要咄咄逼人。在進行商業談判、辯論賽和法庭辯論時，採用咄咄逼人的姿態，可在氣勢上征服人心，但是在日常的交際場合中，若總是一副咄咄逼人的態度，則很容易讓人感到不舒服。關於這一點，一定要注意，在必要的時候，還是留點餘地比較好。

如果你是個夠細心的人，就不難發現，很多公眾人物在面對記者提問時都偏愛用「可能」、「大概」、「或許」、「盡量」、「估計」等字眼，這些字眼都帶有不同程度的不確定性。他們之所以這樣回答記者的提問，就是為了給自己留一點空間，好容納意外的發生；否則一旦把話說死了，結果卻事與願違，那就難以回旋了。

再比如，別人有求於我們，如果我們能幫上忙，當然要答應對方的請託，但千萬不要向對方打包票，而應該代之以「我盡量」、「我試試看」等字眼。之所以要這樣說，是因為：一來可以為自己留條後路，以防事情辦不好而顯得難堪；二來也無損於我們的誠意，而且更加顯示出我們的謹慎，對方會因此更加信賴我們，即便事情最後沒有做好，對方也不會責怪我們。

又比如，如果不慎與別人交惡，這時候千萬不要口出惡言，更不要因一時衝動而說出「勢不兩立」、「老死不相往來」之類的絕情話。不管誰對誰錯，最好閉口不言，以防將來需要攜手合作時沒有後路可退。

水杯留有空間，就不會因為再加入一些水而溢出來；氣球留有空間，就不會因為再灌一些空氣而爆炸；說話留有空間，就不會因為出現意外而下不了台。人之一生說短很短，說長也很長，世間事恰如白雲蒼狗，變化很多，所以不要一下子把後路堵死了，這對自己是非常不利的。所以說話要留有餘地，盡可能不要把話說死、說滿、說透。

> **暖心智慧**
>
> 最好不要說「保證沒問題」或「絕對沒問題」，而應該代之以「應該沒問題，我全力以赴」之類的話。倘若我們能出色地完成任務，便沒有什麼問題；而倘若我們不能順利地完成任務，對方也會因為對我們期望不高而用諒解代替不滿。

得體表達是讓人舒服的前提

話說得好，說得恰當得體，讓人聽得舒服，自然皆大歡喜。而話說得不好聽，就會沒人買帳，還可能讓人不高興。這是最正常不過的事情。不要說什麼「言語粗魯，卻有道理」，與其埋怨對方不接受，不如多花點心思，修飾一下自己的表達。

比如，許多人排隊等著使用印表機，這時候，一個人走到隊伍的前面，對大家說：「很抱歉，各位能讓我先列印嗎？我趕時間。」這時候，大約有許多人都會很不滿意。而如果這個人說：「很抱歉，能讓我先來嗎？因為我需要列印好幾份文件，這些文件急著要用。」這個時候，同意讓這個人先列印的人會立刻多很多。

可見，言辭得體、態度自然，表現出善意，才能夠引起他人的注意，受到他人的歡迎。相反，若話說得難聽，必然不會有好結果。

比如，公車上擁擠，售票員一般總會這樣問：「還有哪位沒買票？」如果換成這樣說：「還有哪位沒有買到票？」多了個「到」字，感覺就不一樣。因為後一種表達中，售票員把乘客沒買票的責任，歸結為自己的服務沒到位，這會使還沒買到票的乘客感受到被理解；就是對企圖逃票者，也是種善意的提醒。一句話，能使車廂充滿溫馨。

同樣，菜場售貨員看到顧客剝開大白菜的菜葉，就大聲地叫喊：「不准剝菜葉！」顧客就會辯解：「誰剝了！誰剝了！你哪隻眼睛看見是我剝了？」因此，常常會引發爭吵。如果售貨員能夠換一種說法：「您好，小心了，這菜嫩，別碰落了菜葉，否則就不保鮮了。」把「剝」換成「碰落」，這意思就不同了，變有意為無意，從而流露出售貨員對顧客的寬容和理解。

有個人乘飛機出差，到就餐的時間，空姐推著可供兩種選擇的食品車，詢問旅客：「要飯還是要麵？」

這個人聽了感覺很不舒服：心想怎麼叫要飯？自己又不是乞丐。

於是，就對空姐說：「小姐，如果妳能夠把『要飯』改成『吃飯』，這樣說會更好一些。」

空姐聽了乘客的話，愣了一下後恍然大悟，連忙點頭說：「先生，您說得對，謝謝您的提醒。」自此，空姐的詢問就變成了「吃飯還是吃麵？」

有的飯店服務人員經常與顧客發生爭吵，其中最大的原因就是談吐不當。比如，有的服務人員在顧客結帳的時候，會生硬地說：「您等一等，看看房間裡有沒有缺少東西。」顧客聽了這話，心情肯定不會太好，「賓至如歸」的感覺也沒有了。

查房原本是正常的程序，其目的非常明確，但是這樣對顧客說出來，好說不好聽，等於把顧客當賊了。那麼應該怎麼說呢？「哎，先生，您請稍等，看一下有沒有落下什麼物品。」這樣的表達，不但讓人樂於接受，而且體現了飯店為旅客著想的服務態度。

語言表達總有提升的空間，不論你是多麼不會說話的人，只要肯用心去思考，就能發現更好的表達方式。

比如，請人幫忙時，不要用命令的語氣說話，如果加上「好嗎」兩個字，這樣就變成了商量的語氣了，對方會覺得更被尊重。

又如，「你明白我的意思嗎？」這看上去是很正常的一句話，其實是不妥的，因為它會有一種暗示：「你聽懂了嗎？」如果換成「我說清楚了嗎」，這樣就不是指責對方，而是自責了。意思是「如果我沒有講清楚，我可以再重複一次」，這是不是顯得禮貌多了？

總而言之，表達方式不同，帶來的效果也不一樣。很多時候，不看你說什麼，就看你怎麼說。把話說得客氣點，別人聽著也就舒服一點。相反，若你說話不客氣，則很容易引發紛爭，不僅無法得到他人的認同，還會帶來更多麻煩，影響你的辦事效率。因此，在說話之前，最好站在別人的立場上，多動一番腦筋。

暖心智慧

每一句表達，都有更好的選擇，任何表達都有提升的空間。高情商人士絕不會停止語言表達能力的修練，他們懂得精益求精，希望讓自己的表達更加得體，讓人感到舒服和溫暖。唯其如此，才能受到他人的歡迎和支持，收穫智慧人生。

第三章

會體諒，讓人願意接受你

有位哲學家說：

「體諒好比是一種心理解脫，體諒別人的同時，也會使自己得到解脫。」

所謂體諒，是指設身處地地為別人著想，並且體會對方的感受與需求。

在人際交往中，當我們設身處地地為對方著想，並表示體諒與關心時，對方就會感受到我們的立場與好意，因而會做出積極而友好的回應。

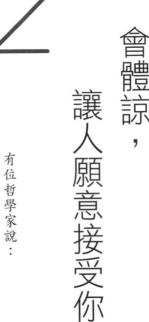

將心比心，體諒他人的感受

在現實社會中，每個人都是獨特的，都有自己的內心世界，包括情感體驗、思維方式等。如果你無法將心比心，設身處地去為他人著想，就根本無法瞭解他人，更不必說幫助他、關懷他。

你若想關懷一個人，前提就是理解他的感受。否則，你的關懷未必有用。連對方的心情都無法理解，又怎麼可能對他施以關懷呢？

松下幸之助有一次到餐廳吃飯，點了牛排。吃完之後，松下幸之助讓助理去請烹調牛排的主廚過來，他還特別強調：「不要找經理，找主廚。」見盤子裡的牛排只吃了一半，助理心想：「該不是牛排不合他的胃口？」

不一會，主廚來了，似乎有些緊張地問：「是不是牛排有什麼問題？」

「烹調牛排，對你已不成問題。」松下幸之助說，「但是我只能吃一半。原因不在於廚藝，牛排真的很好吃，你是位非常出色的廚師，但我已八十歲了，胃口大不如前。」

眾人聽了松下幸之助的話，面面相覷。

松下幸之助接著解釋道：「我想當面和你談，只是因為我擔心，當你看到只吃了一半的牛排被送回廚房時，心裡會難過。」

若你是那位主廚，聽到這樣的解釋，心中會有什麼感受？肯定會感到備受尊重，心中暖暖的。

時刻真誠地表達關心，體諒他人的感受，這是贏得人心的辦法，也是展現魅力的行為。對別人表示關心和善意，比送任何禮物都有效。

一九八〇年一月，在美國舊金山某醫院，一位身體硬朗、聲若洪鐘的老人與護士發生了激烈的爭執。原來這位老人想要探望一名因痢疾住院治療的女士，但是護士根據規章制度拒絕了老人的探望要求。

這位衣著樸素的老者是通用電氣公司總裁斯通先生。而斯通想探望的女士，並非他的家人，而是公司的銷售員哈桑的妻子。

後來，哈桑聽說了此事感到很驚訝。他沒想到自己僅僅是一個普通的銷售員，竟然得到總裁的如此關懷。對此，哈桑心中充滿了感激。為了報答斯通先生的關切與厚愛，哈桑更賣力地工作，銷售業績一度在全美各地區評比中名列前茅。

通用電氣公司的事業能蒸蒸日上，斯通對員工的關懷可謂功不可沒。

如果大家都能設身處地地為他人著想，將心比心，現實中將會少許多紛爭，多許多美好，而人際關係也會更加和諧。

美國傑出的政治家班傑明．富蘭克林是一個善於體諒他人的人。有一天，富蘭克林和年輕的助手一道外出辦事。他們走到辦公樓出口處，看見不遠處有一位美麗女郎正朝著辦公樓的方向走過來，突然，她腳下一滑，一下子摔倒在了地上。

富蘭克林一看是熟人——辦公室裡一位平素很注重自己外在形象的職員。年輕助手看到那位女郎摔倒在地，剛要跑過去幫忙扶她，卻被富蘭克林一把拉住。

富蘭克林帶著助手迅速回到辦公樓裡，走到走廊的拐角處。面對助手滿臉困惑的神情，富蘭克林告訴他：「我們不可以幫忙，尤其是現在。」

過了一會，那位女職員站起來，環顧四周，很快恢復了常態，然後若無其事地走遠了。看著女職員漸行漸遠，助手迷惑不解。

富蘭克林淡淡一笑，說：「你願意讓人看到自己摔跤的倒楣樣子嗎？」

年輕助手聽後，恍然大悟。

即便是幫助別人，也要照顧對方的感受，將心比心，多體諒對方，讓對方不尷尬才好。富蘭克林可謂深諳其中的智慧，所以能照顧到下屬的感受。人都是有感情的，你對對方表示關懷時，對方一定能感受得到。關心不只是獎勵，哪怕你說一句體貼的話，也是一種很好的關心，會讓對方感受到心靈的溫暖。

暖心智慧

我們總是說要關心別人，但是關心必須體貼才行，若不體貼，關心無益。換位思考，將心比心，其實就是體貼。假如你懂得對方內心的情感需要，得體地表達關心，就能帶來很好的效果。

多關心朋友，可也別過度

如果你想建立穩固的友誼關係，加深彼此之間的感情，就要經常想到對方，對對方表示誠摯的關切。事實上，即使並非朋友，如果你對他表示關心，也能讓他生出好感，並產生敬意。

有一天，美國前總統羅斯福到白宮去拜訪現任的總統和總統夫人，碰巧他們都不在。羅斯福向白宮所有的舊僕人打招呼，叫出他們的姓名，這種關切的問候，讓大家備感舒心。

當他見到廚房的亞麗絲時，問她是否還烘製玉米麵包，亞麗絲有些無奈地回答他：「有時會為僕人烘製一些，可是樓上的人都不吃。」「他們的口味太差了，」羅斯福有些不平地說，「等我見到總統的時候，我會這樣告訴他。」他們兩人就好像聊家常話一樣。

當羅斯福要離開的時候，亞麗絲特地端出一塊玉米麵包給他，以便讓他一邊走一邊吃。在經過園丁和工人的身旁時，羅斯福便跟他們打招呼……

「他對待每一個人，就同他以前一樣。」那些僕人彼此討論著這件事，甚至有人含著眼淚說：「這是近兩年來唯一有過的快樂日子，我們中的任何人，都不願意把這個日子跟一張百元大鈔交換。」

羅斯福沒有高傲的姿態，他對僕人表現出的關心，讓他與那些僕人打成一片，使僕人們深受感動，從而也贏得了他們的尊重與好感，這是非常難得的。

關心的力量就是這樣偉大，無論是卑微者，還是尊貴者，內心都對它充滿了渴望。對於朋友，關心則必不可少。如果你能夠時時關心朋友，把朋友放在心上，他就會更加看重你這個朋友，因為他知道你很重視他，重視彼此間的情意。

一句簡簡單單的問候，可以溫暖一顆荒涼冰冷的心靈；一次不經意的關心，可以讓你獲得深厚真摯的友情。關心是人心的渴求，是友情的催化劑。

有一個人生病了，臥病在床很久，都沒有人來看望他。儘管平時他有很多的朋友，但是此時不知怎麼了，一個也沒有來。正在他內心非常鬱悶的時刻，有一個同事來了。那個同事平常與他並沒有過多的交往，只是偶爾在一起聊聊天而已。

然而，當他看到同事時，非常高興，一時間竟似乎忘記了病痛，精神也好了很多。他非常感激地對同事說：「這次我生病，只有你一個人來看我，別看我這個人平常朋友挺多，沒事時好像關係都不錯，可是當我有事時，卻都躲得遠遠的，沒人來看我。我算是看透了，真正的朋友沒幾個。」

自那以後，他對那個同事非常熱情，平時常給他打電話問候，彼此之間的關係越來越好了。

與人交往，要真正贏得他人的心，就要時常關心別人，處處為人著想，這樣對方才會對你產生感激之情，從而對你產生好感。

從人際關係的融洽上來講，對朋友致以關心是必需的，但是也要把握一個度。關心並不是越多越好，有時過度關心也會產生副作用。因為友誼，我們會去關心朋友；因為友誼，我們願意替朋友分擔痛苦。但是關心朋友過了度，過分介入朋友的私生活，則會破壞彼此之間的良好關係。

無論彼此間有多麼深厚的感情，都不可能事無鉅細地進行分享。有些人與自己的摯友形影不離，讓人羨慕，殊不知這樣最容易破壞彼此的關係。人總是需要個人空間的，如果你過分介入朋友的生活，對方常常會產生反感，即便你們的關係非常好，但時間長了也會產生矛盾。

關係太好的朋友，不出問題還好，一出問題，就必定是很嚴重的大問題，輕者讓彼此意見產生分歧，重者導致朋友關係破裂。過分關心朋友，不僅對彼此間的關係有損害，還會對個人的生活造成不良的影響。

劉女士是個熱情的人，她與很多同事、朋友的關係都不錯。然而，她卻天天煩惱。原來，由於劉女士富有同情心，對朋友們總是關懷備至。她常把別人的痛苦當作自己的痛苦，只要朋友不開心或碰到什麼煩心事，她就也會心情不好。朋友有困難，她會竭盡全力去幫忙，但是若幫不了，她就會一個人悶悶不樂。

事實上，劉女士的情況就是過度關心他人所致。由於過分關心，極易受他人的影響，造成不良的心理情緒，這在心理學上被稱為「心理捲入程度過高」。造成這種心理困境的主要原因是，主體缺乏必需的社會知覺和人際交往技巧，以至於對他人關心過度。

總而言之，我們要關心朋友，但不要過分。記住，關心並不是越俎代庖。其實，關心朋友，就要信任他，相信他能為自己的事負責，並相信他能解決好自己的問題。做為一個真正的朋友，你不要去承擔自己不該負的責任，這才是對朋友最好的關心。

暖心智慧

每個人都需要秘密，總有些事情不希望被人知道，即便那個人是親密無間的朋友。在與朋友的交往中，如果你總是不把自己當外人，那麼必定會為人所不喜，由此造成對方的戒備心理，使得彼此之間產生隔閡。

學會理解，友誼更溫暖

「理解」是一個互動的詞語，是友情最為閃光的珍珠。中國古代有俞伯牙高山流水，斷琴酬知音，而鍾子期堪稱知己的代名詞，對朋友的情感與理解在他的身上表現得淋漓盡致。在交往中，人人都渴望找到能如此理解自己的朋友。

奧地利作曲家舒伯特一生坎坷，連餬口的職業也找不到。一次，舒伯特帶上自己的一冊作品前去拜訪當時已相當有名氣的貝多芬。很不巧，貝多芬外出了。舒伯特只好留下自己的作品，悵然而回。

貝多芬回家後，不經意地翻閱到那些作品，驚呼：「這裡有神手的閃光！」當他知道是舒伯特的作品時，立刻要求去見舒伯特。但是由於貝多芬當時已經患病，沒有成行。舒伯特聽說了貝多芬對自己作品的評價後，再次趕去拜訪貝多芬。

兩位音樂家相見後，貝多芬深情地握著舒伯特的手喊道：「我的靈魂是屬於你的！」然而不久，貝多芬逝世了。舒伯特聽到消息之後，哀痛欲絕，親自舉著火炬為貝多芬送葬。

第二年，舒伯特也離開了人世。臨終時，他告訴自己的親友：「請將我葬在貝多芬的旁邊。」最終兩位音樂家結伴長眠。

真正理解他人的人，具有寬廣的胸懷和獨到的眼光，他們能夠識人、知人，結交不一般的朋友。巴頓將軍說過：「有一種東西比才能更罕見、更優美、更珍奇，那就是知人之明。」只有善於理解他人的人，才能具備這種「罕見、珍奇而優美的東西」。

沒有人不需要他人的理解，事實上，很多人交朋友，就是為了尋求理解。試想一下，如果連朋友都不能理解自己，那麼交朋友還有什麼意義呢？因此，與人交往、相處，一定要學會理解對方。

鮑叔牙和管仲是很好的朋友，開始的時候兩個人一起合夥做生意。管仲由於家裡貧窮，所以就出資少些，鮑叔牙出了大部分的資金。生意很紅火的時候，有一次人們發現管仲私自拿合夥的錢償還自己的債務，大家都覺得管仲為人不牢靠。

然而，讓人不理解的是，到年底分紅的時候，鮑叔牙不僅沒有責怪管仲，反而分了更多利潤給他，而管仲也毫不客氣地接受了。

這下可氣壞了鮑叔牙手下的人，他們就對鮑叔牙說：「他出資少，平時又私自花錢，您分更多利潤給他，他竟然還毫無廉恥地接受了，這樣貪財的人是靠不住的。」

鮑叔牙笑著說：「你們不知道管仲的家裡有多困難，他比我更需要錢，此事你們以後不要再提了。」鮑叔牙不僅不計較管仲的自私，最後還向齊桓公推薦了管仲，讓管仲成就了一番千秋偉業。

當你的朋友有了失誤或者某種缺點時，一定要在理解的前提下，接納與包容他。著名作家羅蘭說：「不要希望人類是完美無缺的，不要希望每一個人都像聖人一樣是完全捨己為人的，不要這樣希望！我認為，我們這樣承認，並沒有什麼不好。而且唯有這樣承認了之後，我們才可以對人間多存幾分原諒，少受一點失望的打擊。」

如果你不能理解你的朋友，那麼你們的友情必定難以長久。美國政治家赫爾利說過：「人與人之間原本存在許多隔膜與懷疑，唯有理解是化隔膜為知己、釋懷疑為良友的橋梁。」

事實上，不僅與朋友相處需要理解，生活中處處都離不開理解。在日常生活中，人與人交往難免會有不同的見解，而不同的見解會使人與人之間言行舉止有異，這些本是很正常的事情。如果多些理解，就不會因他人與自己意見不同而生出隔閡，進而產生矛盾。

有道是「己所不欲，勿施於人」。在生活中，唯有推己度人、換位思考，才能得到更多的生活提示。

有這樣一個笑話。

妻子正在廚房裡炒菜。丈夫在她旁邊一直嘮叨不停：「慢點。」「小心！」「火太大了，趕快把魚翻過來。」「快鏟起來，油放太多了！」「把豆腐整平一下！」

「哎！」妻子終於不耐煩了，「我懂得怎樣炒菜，不用你指手畫腳！」

「妳當然懂得炒菜，太太。」丈夫平靜地說，「我只是要讓妳知道，在我開車時旁邊有人喋喋不休的感覺。」

事實上，理解別人並不難，只要你願意認真地站在對方的角度和立場看問題。理解他人，將他人的困難當作自己的困難，你就會更加體諒別人的難處；從自己的立場切換到對方的立場，你就能避免很多摩擦。總之，理解會讓你視野大開，受益良多。

”

暖心智慧

理解他人，意味著站在他人的立場，秉持真正客觀的態度，而非主觀地以為對方內心怎麼想。客觀不是冰冷的事實，而是懂得人都需要理解。現在有人常常抱怨所謂的「代溝」。其實，彼此多一些交流、多一些理解，相信再難以逾越的代溝也會被填平。

得意時，說話一定要留三分

無論何時，都要照顧他人的感受，去體貼他人，讓對方產生良好的感受與心情。尤其是當別人境遇不好時，不要炫耀你的得意；別人不開心時，不要說你過得多麼好。

有一次，老梁約了幾個朋友來家裡吃飯，這些朋友彼此都很熟悉。老梁把他們聚在一起主要是想借著熱鬧的氣氛，讓心情不佳的老洪緩解一下。

原來，因為經營不善，在不久之前，老洪的公司倒閉了，他的妻子也因為不堪生活的重壓，正與他鬧離婚。內外交困讓他內心感到很難受。

大家都知道老洪目前的遭遇，因此不約而同地避免談及與事業有關的事。可是愛喝酒的老肖沒能管住自己，幾杯酒下肚，就開始大談自己的風光。

老肖因為那陣子正好賺了不少錢，於是就炫耀起自己賺錢的本領和花錢的功夫，並不斷地對老洪說：「老洪，虧那點錢算什麼呢？跟我混，不用半年，保證全賺回來。」

老肖一邊說話，一邊拍著胸脯，那種得意的神情，別說失意的老洪看了不舒服，其他人也看不過眼。

結果鬧得大夥都很尷尬，話題明顯越來越少，只聽老肖高談闊論。老洪更是低頭不語，臉色非常難看，一會說去上廁所，一會說去打電話。

後來，大家都早早散了，老梁送老洪出門，在門口，老洪忍不住憤憤地說：「賺錢多很了不起嗎？這麼得意幹什麼？」

在失意之人面前說自己的得意，會破壞雙方的關係。我們不妨捫心自問：自己失意之時，他人在我們面前大談自己的得意之事，我們的感受會是怎樣的呢？

當你有了得意之事，不管是升了官、發了財，還是一切都備感順利的時候，都不應該在失意的人面前高談闊論，而要體諒他們的心情。處於失意之中的人，對一切都很敏感，即使你是無心之語，也有可能會傷害對方的自尊心。

你的張揚，會引起失意之人的心理失衡；你的得意，會激起失意之人的怨恨。故而面對失意的朋友，言辭上要低調一些，這樣才不至於讓朋友們尷尬難堪。

別人失意的時候，如果你不能雪中送炭，幫助對方，也請不要造成他的心裡的不愉快，這是起碼的慈悲和關懷。

如果你一定要炫耀自己的得意，請加上你的糗事中和一下。《英國人的言行潛規則》裡專門講了這一條：如果你想炫耀自己的成功，一定要附送你的糗事，以化解你的成功給別人帶來的尷尬，同時預防嫉妒。如果你一定要講「我買了個三萬塊的包包」，請加上「剛背出門，朋友問我這山寨包做得挺像啊，A貨啊，得一、兩千塊吧」；如果你一定要講「我家買了個大別墅」，請加上「我這個老土給樓梯上了蠟，剛搬進去就摔了個狗吃屎」……

其實，就算對方沒有失意之事，我們也不宜表現得太自我。過於表現自我，突出自己，很容易造成別人的心理失衡，以至於影響了彼此的關係。

某位女士的兒子，從劍橋畢業回國之後，到特區一家金融機構供職，每月薪水高達數萬港元。做為母親，當然相當自豪：面對親朋好友時，她言必稱兒子的風光；面對同事時，她語必道兒子的薪俸。

偶然有一次，兒子發覺母親有這個毛病，便極力制止母親，說：「總誇自己的兒子，突出自家好，人家會有什麼感受？這樣很容易傷害他人。」

開始這位女士還不太理解，後來仔細看看周圍的人面對自己時的那種略顯冷淡和疏遠的態度，她才發現兒子的話在情在理。

若你真正地照顧他人的感受，就要少突出自家的好。我們要學會諒解、寬容，懂得人情，不僅不能給人難堪，相反還能避免尷尬。

當你開心時，要學會照顧別人的感受；當你境遇不好時，也不要忘記別人的感受。事實上，當你懂得照顧他人的感受時，你自己也會有一個極好的心情。

當別人事業失敗，跟你訴苦時，與其以成功者的姿態來指導，不如告訴他，你當年跌得比他更慘，是一點一點重新做起來的。為他鼓足幹勁，相信他一定會如你一樣成功……

你所說的可能不一定真實，但你必須知道，他人向你訴說自己的失意之事，是想從你口中得到一番啟迪和安慰。所以，你講一點自己的「失意之事」，讓他們從你的身上看到自己還有「得意」的機會，就算說一些善意的謊言又何妨呢？

暖心智慧

人在得意的時候，會忽略一些簡單的事實，丟掉一些良好的品質，比如理解、同情。假如你發現自己得意了，就要十分警惕，也許這份得意並不是什麼好事。一個說話讓人溫暖的人會時刻省察自己的內心，而不會放任它做出不善的表達，給他人帶來傷害。

學會以接納的心去溝通

與人互動交談的過程中，有的人常會抱怨對方難以溝通，認為他人無法理解自己的想法都是他人固執己見的結果，因而產生諸多爭執。這是對溝通的錯誤認識，要知道溝通並不是要讓他人接受自己所希望、所預期的一切結果。

高情商人士都懂得，如果與人交談時發現兩個人彼此意見相左，應該先放下自己的看法、意見，以接納的心去傾聽對方的真正想法與需要，然後適時給出中肯的意見，這樣做能讓人感到舒服，從而讓你的觀點容易被人接受。

名將郭子儀是復興唐室的元勛，掃平安史之亂後，唐代宗將女兒昇平公主嫁給了郭子儀之子郭曖為妻。

有一次，昇平公主與郭曖發生口角，郭曖見妻子擺出公主的架子，非常不滿地說：「妳有什麼了不起？不就仗著妳父親是皇帝嗎？我告訴妳，妳父皇的江山都是我父親打敗安祿山才保全下來的，我父親不是不能當皇帝，只是嫌棄這個位置，不願意當皇帝罷了！」這番話可把昇平公主氣壞了，當時就回宮稟報給了父皇。

唐代宗聽完女兒的話後，說：「妳這個孩子啊，丈夫說妳幾句，妳就受不了，來我這裡告狀。你丈夫說的都是實情，李家的天下是妳公公郭子儀保全下來的。如果妳公公想當皇帝，早就當上了。」

他勸女兒不要抓住丈夫的一句話，就亂扣大帽子，要學會接納他人，心平氣和地溝通，和和美美地過日子。在唐代宗的勸慰下，公主消了氣，主動回到了郭家。

郭子儀知道兒子口出狂言，說出近於謀反的話，馬上讓人把郭曖捆綁起來，然後帶到宮裡面見皇帝，請求治罪。

唐代宗卻沒有絲毫責難，反而和顏悅色地安慰郭子儀說：「這小倆口吵架，話說得過了點，當父母的不要太當真了，不是有句俗話『不痴不聾，不做家翁』嗎？裝作沒聽見就行了。」

郭子儀聽了這句話，被唐代宗的寬容征服，十分感動地說：「陛下仁德，微臣感激涕零。」

唐代宗對女兒說的話，對郭子儀說的話，都很寬厚包容，可謂大家風範。在當時，郭曖說那樣的話，簡直是大逆不道，唐代宗卻能予以理解，而沒有陷入自己的身分地位裡，更沒有只想自己的榮辱得失，而能夠想到郭曖與昇平公主當時只是一時憤懣之語。其情商之高，令人嘆服，難怪他可以成為一代仁君呢。

像唐代宗那樣說話暖心的人在與人交談時，會認真聽取對方的觀點，能看到自己的想法與對方的想法和需要之間的差異，然後依據對方的經驗，以其能理解及接受的語言模式來表達自己的看法。

他們知道，溝通對象的認知取決於其教育背景、生活環境、過去的經歷及情緒等各種各樣的因素。如果沒有意識到這些問題，以對方無法理解的語句來表達意見，只會讓對方思路混亂，那樣的溝通將會是沒有結果、沒有成效的。

先從接納對方開始，聽取別人的觀點，才能讓對方接受你。要做到接受別人的觀點，首先自己要有較高的修養，有大度的胸懷，能寬容他人，能求同存異，少計較個人得失，多考慮大局利益。

如果我們沒有開闊的胸襟，無法接受說話者的觀點，那我們可能會錯過很多機會，而且無法和對方建立融洽的關係。就算對方對事情的看法與感受，甚至所得的結論都和我們的不同，他們還是可以堅持自己的看法、感受和結論。

有個人最喜歡說「不」，不管別人說什麼，他都會先說「不」、「不對」、「不是的」，但他接下來的話並不是推翻別人，只是補充而已。他只是習慣了說「不」，結果大家都討厭他。試想誰喜歡被否定呢？

有位學識特別淵博的教授則不同，不管對方說了多麼傻的話，他一定會很誠懇地說「對」，並認真地指出這句話可以成立的點，然後延展開去，講他的看法。試想，如果他這麼厲害的人肯定了你，你一定會受寵若驚。而他又把你的意見上升到那麼厲害的高度，你會發現自己和他都很厲害。

這就是一個特別好的說話方法。先肯定對方，再講自己的意見，溝通氛圍會好很多。

因此，當對方說話時，我們必須站在對方的立場上，仔細傾聽他所說的每一句話，即使不認同也要包容，不要用自己的價值觀去指責或評判對方的想法。我們要包容那些意見與我們相左的人，要試著去接受別人的觀點，這樣才能與對方保持良好的溝通。

暖心智慧

接納，並不是要強迫自己去接受對方的觀點，而是要尊重對方的觀點。這是一種胸懷。學會給對方表達的機會，才能更好地溝通彼此的心靈。允許對方有不同的意見，就是最溫暖的體貼。

第四章

懂讚美，話語動聽更溫暖

在人與人的交流中，
惡語傷人勝過刀劍，
良言暖人勝過陽光。
所以，不要吝嗇讚美的話，
要敞開心扉與對方交談，
這樣才能敲開對方的心靈之門。
真誠友善地與人交往，
多使用優美、善意、褒獎的言辭，
相信你會得到意想不到的收穫。

好聽的話，人人愛聽

每個人都渴望得到賞識，得到認可。美國心理學家威廉·詹姆士指出：「渴望被人賞識是人最基本的天性。」想一想我們走過的歲月，最令我們難忘的，往往就是各種獲獎的情景，那些自己被肯定、被認可的鏡頭，無論什麼時候回想起來，都會讓我們感到自豪。

讚美就是一種認可，一種語言獎勵。當人們得到讚美時，就如同獲獎一樣，一種自豪感和榮譽感就會油然而生，心情會立刻變得愉快起來，也更願意與人打交道。如果我們與人交談時，能夠多給對方一些讚美，將更容易獲得對方的好感。

一對新人剛剛開始兩個人的生活，妻子為了融洽夫妻關係，拿出看家本領下廚做飯。雖然妻子廚藝一般，但丈夫為了對妻子表示認可和讚賞，從不到外面的餐館吃飯。

一次，妻子把幾個菜端上餐桌，丈夫故作陶醉狀，幽默地對妻子說：「長此以往，我們家附近的餐館恐怕就要關門了！」

丈夫的讚美詼諧幽默，自然、巧妙地把對愛人廚藝的讚賞之情流露出來，即使愛人知道這是刻意的恭維，內心肯定也會開心不已。這就是讚美的魅力。

毫無疑問，讚美是一件好事，但是，在人際交往中適時、適當地讚美別人，卻不是一件容易的事。倘若在讚美別人時沒有掌握一定的技巧和方法，即便是真誠的讚美，也不會達到預期的效果。

有的人不懂得讚美的技巧，結果弄巧成拙，使讚美之詞淪為阿諛奉承，給對方留下不好的印象，讓人覺得你的讚美之詞太露骨、太肉麻，不僅無法讓人產生好感，反而會招致厭惡。

有一位業務員去拜訪一家超市的採購經理。見面時，他見到什麼就讚美什麼，聽得超市的採購經理寒毛都豎起來了，他還在不停地讚美，最後自然是一無所獲。

等這位業務員走後，超市的採購經理不屑地說：「這人太不要臉了，見到什麼就說什麼好，聽得人雞皮疙瘩都起來了！」

可見，讚美要講究適當、適度，但怎樣才是適當、適度呢？這很不好把握。實際上，當面的讚美，往往會因為度的把握不到位，而讓人誤認為是奉承和恭維，給人帶來不好的感受。因此，掌握讚美的技巧和方法非常必要。

舉個例子：用調侃的方式去讚美別人。老實說，有時候直白的讚美挺肉麻的，所以用調侃模式去誇，會好一點。比如，你想誇一個人身材特別好，可以說「你腿短一點、腰粗一點會死啊，討厭，離我遠一點」。又比如，你想誇一個美女特別有才華，可以說「按照國際慣例，長得美的都是傻子，妳這麼好看還這麼聰明，這是犯規，不，這是犯罪！」

還有，讚美一定要讚到點子上，讚美他期待被誇獎的部分，有時是人們不特別關注的地方。美貌的人都希望你誇他有內涵，企業家都希望你誇他有人文情懷，才女都希望你誇她美。那些顯而易見的優點，已經被人誇習慣了，反而是不為人知的美，更需要被欣賞。

在日常生活中，人們可能還有過這樣的體驗：當你誇獎朋友取得的成績時，他會說「你不知道我付出了多少心血」，言語間彷彿有你不知其艱辛、只看結果不看過程的意思。相反，如果你說「真不錯，一定花了你許多心血吧」，他就會很開心，認為你很瞭解他。其實，很多人做事並不僅僅在乎結果，而更注重過程。

鮮花和掌聲背後的辛勤付出和汗水，常常不被人關注，卻是人們最想得到關注的地方。假如某個人得到了巨大的成功。這個時候，你可以誇獎對方的辛勞付出，這比單純誇獎對方取得的成果能達到更好的讚美效果。

暖心智慧

讚美不是隨便來的，而是有其心理學基礎的。好聽的話，人人愛聽，但也要看你怎麼去說。多一點兒思考，不要人云亦云，只說一些空洞泛泛的好話，而要學會瞭解他人的心理，給他人最想要的讚美。

說話好聽，才能讓人舒服

父母最希望聽到的讚美往往是「你真有福氣，一雙兒女都那麼有出息」；老人最想聽到的讚美往往是「好漢的當年之勇」；老師最想聽到的讚美，是「桃李滿天下」、「名師出高徒」；年輕人最願意聽到的讚美是「年輕有為」、「前途不可限量」；商人最想聽到的讚美是「手腕厲害」、「頭腦靈活」、「生財有道」。

如果你不懂怎麼讚美他人，那不妨多去商店裡逛逛，好好地學一學。百貨公司裡的化妝品專櫃小姐，永遠都不會說的兩個字是「老」和「醜」。每天都會有一些中老年婦女來到專櫃前，說自己皺紋又多了幾條，臉上的黑斑又跑出來了，眼袋似乎越來越明顯了……她們不是要讓專櫃小姐承認她們的老和醜，而是渴望別人給她們一點希望，讓她們重新擁有自信。

這時候，那些業績驚人的專櫃小姐們就會說：「哪裡啊？您看起來就像我的姊姊，甚至更年輕呢！」「不會！您這個年紀，這點黑斑算是很少的，我看過很多女演員，年紀輕輕的，黑斑比您的多很多呢！」「您的皮膚保養得真好。看起來又白又嫩，只是水分稍微少了點，我們剛好推出一組保溼美白的乳液，挺適合您用的，要不要試試看？」「我看看！這魚尾紋每個女人都有，您的一點也不深，而且我敢保證您生活得一定很幸福。幸福的女人常常笑，笑得多了才有魚尾紋。而且您笑起來眼睛特別有魅力，如果我是帥哥，一定要追您！來，這瓶除紋霜可以讓您的魚尾紋變得更淺，慢慢皮膚就會緊實了！」

老實說，這些專櫃小姐個個都比心理諮詢師還厲害，全部是攻心說話的高手。一個從事心理諮詢的醫生說：「對女人來說，最好的心理諮詢師是化妝品專櫃小姐，很多有執照的心理諮詢師，在恢復病人自信的功力方面，都比不上她們。」

事實上，懂得使用高明的技巧來讚美他人，是一種情商高、有智慧的表現。比如，有個人到一位阿姨家做客，恰好那天那位阿姨的兒子帶女朋友回家。他隨口就說了一句：「這孩子跟他爸一樣，會挑！」僅一句話，把四個人全誇到了，阿姨也高興得笑逐顏開。如果只是說些場面上的客套話，比如「這女孩真漂亮」、「你兒子有眼光」，這位阿姨還會格外欣喜嗎？

又比如，你到某餐廳吃飯，吃得很高興，你若對廚師說：「你真是一個了不起的廚師！」那麼對方可能會覺得乏味——因為他知道還有很多比他更好的廚師，正所謂一山更比一山高嘛。

直接針對一個人發表讚美，也許會讓人覺得虛假，而如果你從側面去讚美，也許就會出奇制勝。因此，你可以換一種讚美，比如「很合我的口味，看來以後得常來啊」，這樣的肯定豈不是更讓人開心嗎？

可見，採取恰當的讚美方式，不但能讓對方感到十分愉快，從而贏得對方的好感和青睞，而且能向別人展現出你的風度、修養與智慧。

總而言之，少說不順耳的話，多說一些讚美的話。好聽的話，人人愛聽；不好聽的話，人人避之不及。多說讚美、鼓勵、安慰、增強他人信心的話，是一種順乎人心、使人身心愉悅的行為，還能導人向善，自利利他。

> **暖心智慧**
>
> 人的地位有高低之分，年齡有長幼之別，所以因人而異、突出個性、符合對方心意的讚美比泛泛籠統的讚美能收到更好的效果。比如，對於知識分子，與其讚美他知識淵博、思想深刻，不如說他哪個觀點很獨到；對作家的讚美，一句「我很崇拜你」，不如說他哪部作品很精采。

點讚要及時，暖心不過期

讚美是有時效性的。及時地點讚，可以讓人高興；相反，若是讚美不及時，即便同樣真誠，效果也會大打折扣。對此，想必大家都有所體會。

微信朋友圈分享喜事，朋友很快就點了讚，心裡便覺得很開心；過幾天，這事情過去了，再有人來點讚，自己的心情已經不復當時的激動，便沒有太多的感覺了。

所以，讚美要在恰當的時機表達出來，這樣才能收到預期的效果。否則，就像過了氣的時裝一樣，根本提不起人們的興趣。

讚美是有「保質期」的，一旦過了「保質期」，讚美的效果就會大打折扣。因此，讚美別人一定要及時。

比如，同事升職了，我們得到消息的第一時間，就應該表示祝賀：「×經理，祝賀你高升啊。」你不及時祝賀，對方很可能覺得你不把他當回事。你們之間就可能因此產生隔閡。

有的時候，對方會主動跟你提到得意之事，那就代表他渴望與你分享他的喜悅，同時這也是他準備接受你的讚美之詞的信號。此時，你應該立即停下手裡的事情，接過對方的話題順勢讚美一番，以滿足對方的心願。

例如，有位朋友分享兒子考上北大的事，這時候，你應該立即停下手上的事情，回覆一句：「哎呀，考上北大了！了不得啊！想當年我們上學時，全年級幾百號人，也出不來一個考上北大的……」

又比如，有位朋友分享了一組旅遊時拍的照片，當然希望別人關注他，這個時候，你要及時點讚回覆：「哇，好漂亮啊，真羨慕你，說走就走的旅行啊……」

再比如，一位母親分享孩子的照片，這時候，你要及時地加以讚美：「妳的孩子真漂亮！長得多好！大眼睛，高鼻梁，眉眼真像妳……」

如果你接過照片，隨意看兩眼，就立即還給了對方，什麼話也不說，這就好像是說：「有什麼值得炫耀的！」你想對方會怎麼想呢？

想想看，他若不想得到你的祝賀和讚美，又何必與你分享呢？他這樣做，無非就是想得到你的肯定。你若不能及時點讚，即便對方內心沒有受到打擊，也多少會對彼此的關係造成一些負面影響。

人們總是希望自己被人關注，所以，一旦發現朋友有所分享，就要及時地點讚，表示你一直在關注他。對於好的變化，千萬不要吝惜你的讚美之詞。

上午，向來穿便裝的公司經理，換了一身裝束，神清氣爽地走進財務室。

一位女士見了，不失時機地稱讚道：

「經理，沒想到您穿正裝這麼帥！您這套西裝可夠氣派！您個子高，肩膀寬，穿上這一套，顯得更英俊瀟灑、氣宇軒昂了！」

經理笑道：「是嗎？昨天剛買的，換換形象。」

那位女士笑道：「那您真有眼光，帥極了！」

其他在座的同事也讚美道：「是啊，簡直帥呆了！」

中午，公司經理又來到財務室，見同事們全都坐在座位上，就問：「午休時間，你們怎麼也不出去轉轉啊？」

大家都說：「沒辦法，時間太緊了，吃完午飯，馬上就得上班。」

「是嗎？原來如此啊。」經理想了想說：

「這樣吧，以後中午多給你們半小時的休息時間，出去活動活動，做財會工作需要清醒的頭腦啊！」

改變就這樣發生了，從此以後，大家每天多了半個小時的休息時間。

可見，當我們發現別人身上有了某些好的變化時，一定要及時地予以讚美。及時地讚美，可以促使好的改變擴大，讓人做出「好上加好」的改變。相反，讚美不及時，這種效應就沒有了。

總而言之，讚美一定要及時。哪怕再小的成績，再細微的進步，也要表示讚賞，而且一定要及時予以讚賞，因為讚賞是有「保質期」的。在人際交往中，我們要不失時機地把讚美說出口，否則，讚美就會因為「過期」而失去效力。

暖心智慧

及時點讚確實是符合人心之舉，只要人們做出了成果，有了很好的變化，這個時候就要學會為其點讚。因為我們每做一件好事，都會期待正向的反饋，而及時點讚可以讓對方感到溫暖。

讚美越具體，越得人心

讚美是需要理由的，如果你已經找到了讚美對方的理由，那麼接下來就需要讓理由變得充分、具體。假如你的讚美不夠充分、具體，那麼讚美的效果就會大打折扣。

比如，讚美一個女人的容貌，你對她說：「妳真漂亮。」她當然會感到高興，不過她心裡會想：「你說我漂亮，那麼我漂亮在哪裡呢？」

沒有具體化的表述，不具體說明她漂亮在哪裡，有的時候還會令對方感到很失望。不如這樣說：「妳真漂亮，尤其是妳的眼睛，很美，很迷人。」這樣的讚美，不僅會讓女人高興，還會讓她內心產生一種暗自欣喜的情緒：「原來你對我這麼關注，觀察得這麼仔細呢。」

想一想，有幾個女人不渴望別人的關注，又有幾個女人不希望自己被人重點關注呢？而細節化、具體化的表達，能讓讚美更加深入人心。

籠統、模糊的讚美，會讓人思考自己有沒有對方說的那麼好；而具體的讚美，則讓人直接獲得美好的情緒感受。這就是兩種讚美之間的區別。

當你讚美別人的時候，盡量不要讓人在思考的層面停留，而應該直接讓人感受愉快的情緒。

讚美越具體、明確，就越能讓人覺得愉快，其有效性就越高。相反，空泛、含混的讚美由於沒有明確的讚美理由，經常讓人覺得誠意不夠。所以，如果想使我們的讚美效果倍增，讚美就一定要具體化。

足球教練文斯．倫巴迪是一位富有傳奇色彩的人物。在訓練隊伍時，他發現一個叫傑瑞．克雷默的小夥子思維敏捷，球路較多，所以非常看好這個小夥子。一天，他輕輕地拍拍傑瑞．克雷默的肩膀說：「有一天，你會成為國家足球隊的最佳後衛。」

克雷默後來真的成了國家足球隊的主力隊員。

如果你對一個球員說：「你的球踢得真好。」那就太籠統，太普通了。相反，如果你說：「你的球踢得真好，以後會成為足球明星的。」那他肯定會很高興的。

所以，我們讚美任何人都要具體、深入、細緻。

很多年前，倫敦有個小男孩，小小年紀就在布店工作，每天早上五點鐘，他就要起床把店裡打掃乾淨，然後工作十幾個小時，生活非常艱苦。兩年後，男孩再也無法忍受這樣的生活。

這天早上起來，他連早餐都沒有吃，便跑到四千公尺外找到當管家的媽媽商量，請求媽媽同意他換一份工作。他傷心地向媽媽哭訴道，如果讓他繼續留在店裡，他就自殺。

然後，他又給以前上學的老校長寫了一封言辭悲慘的信，在信上他十分細緻地描述了自己的生活，並說自己已經對人生失望透頂，想結束生命。

老校長看完信後，沒有訓斥他，而是誠懇地對他說：「孩子，你很聰明，應該有很好的前途，從你寫的這封信可以看出，你有不錯的寫作天賦。」老校長邀請他到學校當教員。

老校長的一句讚美，改變了這個男孩的一生。後來這個男孩成為一代文學家，他就是英國文學史上創作了七十六本書的文學巨匠威爾斯。

具體的讚美，可以幫助人發現自己的閃光點，甚至能夠幫助人樹立自信心和人生目標。因為具體的讚美不像籠統的表達那樣，讓人感到空洞縹緲，而是很清晰，讓人可以看得到、感受得到，有種觸手可及的真誠。為了讓具體化讚美更好地發揮功效，我們可以從以下幾個方面入手：

第一，指出具體特點，體現獨特性。關於外表的讚美，我們可以從對方的相貌、身材、髮型、氣質、服飾等各方面尋找具體的閃光點，然後予以恰當的讚美。

讚美一位女士時，可以說她眼睛嫵媚動人、皮膚白皙、身材高䠷等，這樣就可以在她的腦海裡直接描繪出一幅生動形象的畫面，而不必她費心去想自己怎麼漂亮。具體的描述是可視、可感覺的，也就更加真誠、可信。

第二，與名人相比較，可以形象化。如果能結合某個名人進行比較，去讚美一個人，效果會更好。社會名人，尤其是明星，往往是很多人喜愛、追捧甚至崇拜的對象。我們在讚美別人時，如果能具體指出對方的某些地方像某一位名人，往往能讓對方有一種受寵若驚的感覺。

第三，列舉具體事實，說出感想。讚美別人時，還可以具體引申至對對方的性格、品位、才華、眼光等方面的讚美。

> **暖心智慧**
>
> 讚美別人的時候，不要太空泛，要具體地讚美細節。「你好美啊」、「你好聰明」、「你好厲害」這些只是普通級的讚美，更高級的讚美是，找到對方怎麼美、怎麼聰明。

多讚美，發現他人的閃光點

多讚美人家的好，多表揚人家的優點，這不僅是為人處世的有效方法，同時也是人生修養和境界的體現。

有的人說：「我也想多多讚美啊，但是對方實在沒什麼可讚美的，總不能胡言亂語、胡編亂造吧。」

說這話的人，如果不是太懶，就是太笨。這個世界上的每個人都有可讚美的地方，哪怕是十惡不赦的惡人，也必然有可取的地方。

有句話說得好：「生活不缺少美，只是缺少發現美的眼睛。」

別人不是沒有可讚美的地方，只是你沒有用心，缺乏發現美的眼光罷了。因此，你若想學會讚美他人，首先就必須樹立一個正確的觀念：每個人身上都有閃光點。世界上不存在十全十美的人，同樣也不存在一無是處的人。

當你有了這樣正確的觀念後，你才能真正去注意和發現別人的閃光點。事實上，發現別人的閃光點，不僅有利於提升我們的人生境界，還是對他人的一種幫助。

一個人具有某些優點或取得了某些成就時，他需要得到別人的認可和肯定性的評價——讚美。而一旦滿足了他的這種心理需求，他就會備受鼓舞，進而發揮出更大的積極性，繼續努力前進。

讚美他人還能溝通自己與他人的感情。特別是對跟自己不太親近的人，恰到好處地給予讚美，能使雙方增加親近感，建立更進一步的人際關係。

無論對方是否知道他自己身上的優點，當你注意到了，並且真誠地表達讚美時，對方必然會感到高興。

當你不知道怎麼讚美別人，不懂得讚美的技巧時，可以鍛鍊自己的好眼光，去發現別人的閃光點並且告訴對方。這樣帶來的效果甚至超過所謂的讚美技巧。

一位心理學家曾經成功地改變了一個被父母認為不可救藥的男孩，他的方法就是發現並稱讚男孩身上的閃光點。

男孩的父親說：「這個孩子簡直是一無是處，沒有一點點可愛的品質，哪怕是一丁點！」於是，心理學家就開始從男孩身上尋找某些他能給予讚美的閃光點。

結果，他發現這個男孩喜歡雕刻，並且雕刻得惟妙惟肖，但他在家裡曾因為在家具上雕刻而受到父母的責罵。心理學家便為他買來一些雕刻工具，還教他如何使用這些工具，並且讚美他說：「你知道，你雕刻的東西比我所認識的任何一個孩子雕刻得都好。」

不久，他又在這個男孩身上發現了幾件值得讚美的事情。後來有一天，這個男孩做了一件讓父母大吃一驚的事：沒有人要求他，他主動把自己的房間打掃一新。當父母問他為什麼這樣做時，他說：「我想你們會喜歡。」

不要擔心從別人身上找不到閃光點，你只需要提升自己的眼光，讓自己擁有一雙善於發現的眼睛就可以了。只要你願意，總能發現對方身上有某些值得稱道的東西。

比如說，一個講究穿戴的人，懂得衣服的搭配技巧和方法；一個職場金領，事業成就就是華美的勛章；一個上了年紀的老人，豐富的人生閱歷就是值得自豪的財富；一個正在為事業打拚的年輕人，勇於開創、敢於拚搏的精神就值得讚賞。

當你轉變眼光，學會發現他人的優點的時候，就會發現一個人身上的閃光點實在太多了，數不過來，有的時候都不知道讚美哪一個才好。這時，又該怎麼辦呢？你可以讚美最不起眼的那個閃光點。

一位相貌出眾、身材極佳的女士，我們不必讚美她的相貌和身材，因為她對自己的相貌和身材已經有絕對的自信。如果我們讚美她思想上的閃光點，她必然芳心大悅。

一個事業有成的男人，我們不必讚美他有本事、有能力、有才幹，因為他對自己的能力很清楚，這類讚美太普通。這個時候，如果我們發現他愛做菜，由此讚美他的廚藝：「真看不出來，原來你的廚藝這麼棒啊！」他必然喜出望外。

抓住對方身上最不起眼的、容易被大多數人忽視的閃光點，予以讚美，這樣才能撓到對方的癢處，帶來更好的效果。

許先生是一家公司的業務部經理，一次，他與一位重要的客戶進行業務談判，雙方交談互不相讓，氣氛十分緊張。

雙方共進晚餐後，飯店經理拿著一個簽名簿和一支軟筆，請大家題字留言。那位重要客戶不假思索，大筆一揮，寫下了幾行瀟灑飄逸的大字。

許先生見了，讚嘆道：「沒想到您寫得一手這麼好的字，真是讓人佩服啊！不知道您師從哪位書法大師啊？」

此時，客戶呵呵一笑道：「我哪有拜什麼書法大師啊，就是平時沒事的時候喜歡寫寫字罷了，自娛自樂，登不得大雅之堂的，許先生過獎了！」

接下來，雙方重新開始談判協商，氣氛得到緩和。對方很客氣地告訴他可以退讓一部分權益，最終許先生成功簽下了這筆單子。

在別人看來，這位客戶寫得一筆好字並沒有什麼了不起，但在平日生活裡，偏偏這種不起眼的小閃光點，往往就是一個人引以為豪的得意之處。許先生正是抓住了這一點，予以讚美，讓人高興，緩和了雙方談判的氣氛，使得談判順利進行下去，最終得到了想要的結果。

最大的閃光點已經成為一個人生命中的一部分，所以早已變得不足為奇，而那些不起眼的閃光點，因為從未或很少有人發現，便顯得彌足珍貴。你若獨具慧眼，能夠發現它們，這當然更加容易讓他人感動。

> **暖心智慧**
>
> 一個人身上有優點，也有缺點，只看你在尋找什麼。細心觀察，看到別人身上的閃光點，然後予以讚美，就是這麼簡單。不需要你付出什麼，你得到的卻是無限的——收穫友誼尚在其次，更重要的是你自己的修養和境界在提升。

第五章

適時撫慰，溫暖心靈

人生有順有逆，有喜有憂。
每個人都有歡樂，也都有不幸。
歡樂的時候，可以不索求祝福；
不幸的時候，卻需要安慰。
安慰是感情的贈予，
是溝通心靈的橋梁，
是醫治心病的良方。
適時進行恰到好處的安慰，
是打動人心的良藥。

不懂安慰的人是沒有溫度的

生活中，我們可能會遇到這樣的情況：家人失業、朋友失戀、同學沒有考好等。在這種情況下，他們的內心會非常痛苦，我們如果能夠幫助他們，分擔他們的痛苦，就算行動上幫不了什麼忙，言語上的安慰有時候也能讓他們的心裡好受一些。

但問題是，很多人不知道怎麼安慰人，經常遇到這樣的問題：確實能理解對方的心情，也懂對方的難過，但想要表達對他們的安慰時，又不知道該說什麼，該怎麼說，有時還安慰錯了。

有個女孩失戀了，心情很不好。然而她的性格比較內向，平時很少說話，即便心裡特別難過，也不向旁人傾訴自己的苦楚。

單位裡有個與她關係挺好的姊妹，在辦公室裡見她愁容不展，也沒有注意場合，便當著眾多同事的面安慰她：「這個人有什麼好，憑妳這種條件，還怕找不著更好的？」

沒想到，還沒等這個姊妹把話說完，這個女孩就一下子臉色大變，跑出了辦公室。

這時，這個姊妹才感到自己所說的話很不妥當。明明想要關心別人，卻因不注意場合，造成尷尬的局面。

安慰他人時，如果涉及別人的隱私，千萬不要在公開場合說出來。尤其要注意對方的心理變化，免得說出對方很忌諱的話來，影響彼此的關係。

有位男子牙痛，到藥房購買治療牙痛的速效藥。藥房的營業員拿出一種藥，說：「這個藥止疼效果特別好，癌症患者和術後患者都用這個，特別有效。」

男子捂著腮幫子，哼聲說道：「那就拿這個藥試試吧。」

「我跟你說，絕對管用，」營業員說，「你不用擔心，治療癌痛效果都很好。」

男子聽了營業員的話，不知為什麼，心裡特別煩躁，忍不住氣憤地喊道：「你為什麼是這樣賣藥的，我是牙疼，又不是癌痛，你是詛咒我嗎？」

本來牙痛就讓人心煩意亂了，營業員還反覆強調治療癌痛，這就犯了人們的忌諱。儘管營業員是出於好意，想要說明止疼藥的效果好，讓患者放心，卻沒有顧及對方煩躁的心理狀態。

而高情商人士則能夠敏銳地覺察他人的情緒狀態，以溫暖的話語給人以安慰。

打個比方，一位朋友向你抱怨自己是剩女，嫁不出去，你會怎樣安慰呢？

「我很同情妳，是啊，一個人要是生病了都沒人照顧。唉……」

「不要抱怨了，抱怨是沒有用的，打起精神來，多參加相親活動吧……」

「對啊，妳說得我也怕怕的，要是到四十歲都還嫁不出去，我覺得天都要塌了……」

以上這幾句都是生活裡常見的安慰話語，屬於低情商的安慰方式，不要說你的朋友聽了心情不好，換位思考，這些話說給你自己聽，你也會感到很不爽吧。

那麼，高情商的安慰方式是怎樣的呢？

來看看下面這一段話：

「不要用『剩女』這樣的詞嚇自己，也不要用這樣的詞嚇別人。時代已經不同了，嫁人不是人生的終極目的。人生應該是多種多樣的：有的人遇到合適的人，建立起美好的家庭；有的人遇到合適的人，卻永遠在享受談戀愛的過程；還有的人沒遇到合適的人，一直在尋找；也有的人沒遇到合適的人，隨便找個人嫁掉。每個人都有自己的追求，我們應該活出自己的風采。我們不需要學習別人或者向別人交代，自己的人生跟自己交代清楚就好。」

如此安慰，效果絕對不同。高情商人士的安慰，並不是去揣摩他人的心思，而是走心的關切，能夠深入生活中體味每個人的心情。只有這樣，才能表達真誠，而只有真誠，才能讓人感到輕鬆和溫暖。

其實還有一些簡單的安慰方法十分有效，比如，說點你的悲慘事。當別人難過的時候，屢試不爽的治癒方式就是，讓他知道自己不是最慘的。比如，一個女孩說男友劈腿了，你如果告訴她，自己的前男友劈腿五年，自己才知道，她就會覺得自己遇到的問題不算什麼。

當你的朋友遇到糟糕的事情，不要說「我早就告訴你了」、「我就知道會這樣」。很多事雖然我們提醒過對方，但對方還是會做，結果受挫了，吃虧了，上當了，我們忍不住就會說「我早就說過」。這不是安慰，只會讓人更加不舒服，與其證明自己有先見之明，不如幫對方解決問題。

暖心智慧

安慰不是一種簡單的說話方法，高情商人士的安慰能讓人感到舒服，是因為他們對生活有體悟，自己有較高的人生境界。他們對人的關切，不是針對單獨的一個人，而是針對自身以及每一個存在相同困惑的人。出於這樣的關切之情，其安慰效果自然大不相同。

簡單安慰，讓人重拾信心

人生難免會有不幸的事情。當我們遭遇不幸時，便需要他人的安慰；而朋友遭遇不幸時，也需要我們的安慰。適時地安慰，是撫慰心靈創傷的良藥，可以讓冰冷的心靈得到溫暖。

有位年輕的建築工人在高空作業時不慎摔傷，在醫院裡甦醒後，發現下肢不聽使喚，擔憂自己將終身殘疾，心情十分消極，萌生出輕生的念頭。

有位親友覺察到了他的心情，安慰他說：「你年輕力壯，生理機能強，新陳代謝旺盛，只要你積極配合治療，日後加強鍛鍊，過不了多久就會康復，這是醫生說的。」

短短幾句安慰的話，點醒了傷者，增強了他的治療信心。之後傷者不但積極配合治療，而且堅強地進行了生理機能的恢復鍛鍊。果然，數月以後他就傷癒出院了。

不要小看人的心情，許多人輕生往往就壞在心情上。更不要小看一句鼓勵和安慰的話，它可以讓人精神振作，走出心情上的不良狀態。因此，許多時候，一句安慰的話，等於撫慰對方心靈的一劑良藥。

不過，安慰並不僅僅是說幾句讓對方寬心的話，而是一門需要學習的暖心技巧。適當的安慰能讓人擺脫苦惱，而不當的安慰則會帶給他人更多的傷痛。

當別人遭遇不幸時，應盡量多說一些有利於對方振奮精神、增強信心的話，以便達到溫暖人心、撫平傷痛的目的。下面是一些建議，大家在安慰他人的時候可以試試。

第一，仔細留意對方的感受，對其遭遇的基本問題要有所瞭解。當你去探訪一個遭遇不幸的人時，你要記住，你到那裡去是為了支持和幫助他。你要留意對方的感受，不要只顧自己的感受，把你自己的類似經歷講述一遍。因為每個人的悲傷方式並不相同。

第二，保持足夠的耐心，用真誠的關懷去感化對方。要是一個朋友的悲傷似乎異常深切或者歷時長久，你要讓他知道你在關心他。你可以對他說：「你的日子一定很難過。我認為你不應該獨自面對這種困難，我願意幫助你。」記住，千萬不要輕飄飄地說：「你的日子一定很難過，但你要學會堅強。」

第三，適當停頓一下，讓自己思考一下。安慰的藝術，在於「在適當的時機，說適當的話」，以及「不在一時衝動的狀態下，說出不該說的話」。從容不迫地停頓與思考，可讓我們學會仔細傾聽和認真思考，避免在一時衝動之下，說出不該說的話。

第四，理解和體諒當事人的痛苦，走進對方的世界。我們常常自以為是，自己無法理解的「苦」，就認為是沒有道理的。比如，有的人就認為憂鬱症是想得太多、沒事找事，其實這是他們不能理解這種痛苦。如果不能理解，不能走入對方的內心世界，那麼就不要去安慰，除非你能放棄自己根深柢固的觀念和偏見，真正站在對方的角度去看待他所面臨的問題。

第五，提供具體的援助，不要只是口頭許諾。面對一些實際性的困難，應盡力提供具體的援助，可以找朋友或者專家，還可以找朋友的朋友等幫助他們找到答案。

可以給對方打幾個電話，也可以找相關的書籍給他們閱讀，或者乾脆提供一個寧靜的空間，讓他們得以安頓下來為自己找出路。

總而言之，我們希望得到別人的安慰，也需要安慰別人。不過，安慰也是有一定的藝術性的。掌握一定的安慰技巧，才能讓你的安慰變成「金口玉言」。

暖心智慧

不要覺得安慰的話沒有意義。人在悲傷的時候，總會認為未來的生活毫無希望，從而對生活喪失興趣。雖然你的話不能給朋友提供實質性的解決方法，但是你向對方傳遞了一種淡然於心、從容於表、優雅自在地生活的觀念，這樣就可以幫助對方以積極、樂觀的心態面對問題。

不知道怎麼安慰，就傾聽吧

假如我們想要安慰某個人，就要理解他的苦惱，若是對他的苦惱一無所知，就貿然地表達安慰，那是不會有效果的。所以，在表達安慰之前，我們最好多聽一聽對方的訴說，瞭解其苦惱，然後再想辦法予以安慰。

其實，一個人遭遇苦惱，許多時候，需要的不是勸慰，不是道理，而是朋友耐心的傾聽。當我們內心藏著許多不為人知的苦和壓力，久而久之，就會變得壓抑，這個時候，就需要抒解。找人訴說，就是希望對方能理解，能認真地聽一聽。其實很多時候，能夠認真地傾聽，對需要安慰的人來說就是極好的安慰。

南小姐近來心情抑鬱，所以去看心理諮詢師。心理諮詢師一看到她，便說：「這樣吧，請妳閉上眼睛，想說什麼就說什麼。」諮詢師輕聲說道。

南小姐閉上眼睛，然後說：「他們為什麼不老老實實地做自己的事，卻總是想著算計別人呢？幹嘛非要和別人爭個你死我活呢？」她越說越激動。

說了一會，南小姐突然睜開眼睛，意識到自己剛才失態了，她的臉上流露出一絲歉意。心理諮詢師微笑道：「沒關係，有什麼話請繼續說。」

南小姐繼續說道：「我知道發牢騷，你肯定不愛聽。之前我就找過我的朋友，我想從他們那裡得到安慰，但是他們總是跟我講許多大道理，這讓我感到很煩。」

心理諮詢師微笑著說：「那就把妳的煩惱跟我聊一聊吧。」南小姐點了點頭，然後繼續講起自己的情況。

等南小姐把所有的煩惱說出來之後，她感覺身體一下子輕鬆了許多。她對心理諮詢師說：「謝謝你能聽我發牢騷！現在我感覺好多了。」

就這樣，在心理諮詢師的耐心傾聽下，南小姐的心情得到了抒解，從理解自己的煩惱開始，慢慢地開始理解不愛聽自己發牢騷的朋友。

南小姐的朋友們沒有真正理解她的心境，他們講了許多道理，以為可以開解她，卻不知道這些安慰只是一堆大而空的廢話。

然而在日常生活中，朋友遇到苦惱時，我們經常不停地追問事情的前因後果，總是希望快速地為朋友的遭遇做一個定論。這樣的做法會讓人反感。雖然我們希望安慰朋友，卻總是沒有耐心去傾聽朋友的訴說。

其實，給對方一點時間，給對方一個空間，讓他無所顧忌地表達自己內心的感受，這對被安慰的人而言，將是最好的幫助。

記住，滿肚子的委屈需要的是兩隻認真傾聽的耳朵，而不是一張滔滔不絕、口若懸河的嘴巴。傾聽的時候，不要急於追問事情的前因後果，也不要忙著給對方指點迷津，給對方足夠的時間和空間讓他自由表達感受，對方的苦惱才會越說越少。

想要讓自己的傾聽具有良好的安慰效果，就必須在傾聽的過程中適時地表達關注，以下是幾個基本的傾聽技巧，可以供大家學習。

第一，做到暫時的忘我。對方傾訴時，我們應暫時拋開自己的思想，將自己的想法和意見全部擱置在一邊，用真誠的態度全身心地投入對方的世界，這樣被安慰者才會對我們產生信任，感覺到被安慰的溫暖。在對方訴說時，不要插話，盡量讓他將內心的負面情緒全都宣洩出來。

第二，不提自己的看法。許多安慰者在傾聽的過程中，往往會迫不及待地提出自己的意見和看法。這樣的做法很不好，安慰者可以表達認同和共鳴，但不要評論和發表意見。

第三，肯定對方所講的內容。即使對方有不對的地方，也不要急於否定，而要用肯定的話語表達認同。若對方主動問我們是否有相同的經歷，可以講講自己的經歷，但講述要盡量簡短。

第四，傾聽時要有所觸動。傾聽是惺惺相惜的過程，傾聽別人的不幸時，要讓對方察覺到我們內心的觸動，這個時候，有人「悲傷著他的悲傷，幸福著他的幸福」，對他而言將是最好的安慰。

在安慰別人的過程中，對方需要的是一雙溫柔傾聽的耳朵，而不是滔滔不絕的長篇大論。因此，在安慰別人時，要盡量奉獻出我們的耳朵，用傾聽去平復對方那顆受傷的心。

暖心智慧

我們設身處地地傾聽另一個人講話，就會使那個人得到心理上的安慰。當然，能夠給人帶來安慰的傾聽，絕不是一言不發，而是在適當的時機，以恰當的話語推進交談，同時還可以問一些問題，對對方的苦惱和困境做進一步的瞭解，這可以幫助你更好地安慰對方。

關心的話，讓人心裡暖暖的

蒼白的言辭是沒有任何意義的，感情的交流才是溫暖人心的前提。只有當你能夠體諒他人、理解他人時，你才能真誠地關懷他人，在他人身處困苦境遇時給予相應的安慰，為他人進行精神按摩，讓人獲得輕鬆愉悅的感受。

在學習溫暖人心的說話藝術時，我們不應將過多的精力放在語言技巧的模仿上，而應更多地修練自己的內心，做一個具有同情心的人，體諒和理解他人的心理，這樣才能有的放矢，讓人感受到你的關懷。

方小姐得了重感冒，一直在家裡休息。這個星期天，幾個同事相約到她家裡去看望她。他們提著水果和營養品來到方小姐家時，方小姐正坐在床上看小說。

「生病了還這麼用功啊！」一位同事說。

見同事們來看自己，方小姐很感動，想到不能與同事們在一起工作，便沮喪地說：「唉！我這一生病，不但影響我的工作，也耽誤爸媽的工作，現在連你們也為我分心！」

一位同事說：「妳儘管放心好了，妳父母不會耽誤工作的，再說，妳一生病，他們也有機會和妳相處。妳應該感到高興才是啊！」

「是啊，以前我一生病，我媽就說又有關心女兒的機會了！」另一位同事接著說道：「工作的事情，妳就放心吧，我們會幫妳處理好的！」

「好羨慕啊，我也想要這麼多人的關心，」又一位同事笑道，「現在我都感到很遺憾，我沒得感冒啊！」

聽著同事們安慰的話語，方小姐感受到真誠的關懷，眉頭舒展，心情一下子變得明朗起來。

親切的安慰讓人如沐春風，真誠的關懷使人精神舒展。人們遭遇不幸時，往往會憂傷、憤怒、煩惱，這個時候，身為朋友若能以理解的心，真誠地表達善意的關懷，為他帶去歡快的笑聲，就如同為對方做了一次精神上的按摩，可以讓人的心情很快得到放鬆，同時感到溫暖，精神得以振作。

在安慰他人、表達關懷的語言表達中，體諒和理解他人的內心是至關重要的，唯有如此，才能達到良好的安慰效果，讓人感受到你的真誠。

一般來說，我們要肯定別人的痛苦，表示自己的同情。不管對方傾訴的事情在你眼裡是否嚴重，都要肯定他的痛苦。

比如，女朋友不小心，膝蓋碰到桌角上，磕破皮流血了，需要安慰，你可以說：「一定好疼吧，妳受苦了。」你也可以說：「上次我磕了膝蓋，幾天都沒法正常走路，妳還磕出了血，簡直更難受啊！」這樣的安慰就很好。

可是，如果你這樣說：「這算什麼，我今天還看到一個人坐著輪椅，他都沒有腳！」這種說法，安慰的效果會很糟糕。

還有的男朋友會這樣安慰：「沒事，過幾天就好了。」這種不以為意的安慰，也會讓女朋友心靈受傷。

正確的安慰方式是肯定女朋友的痛苦，表示同情，這樣才能讓她感受到溫暖，讓她覺得你在乎她。不過，如果換一種場合，換一個對象，就不能用「肯定對方的痛苦，表示同情」的方法。

比如，去醫院看望病人，如果肯定對方的痛苦，表示同情，把安慰的話說成這樣：「看樣子病得不輕啊，都消瘦成這模樣了。」那就很不合適了，這樣的話無疑會給對方的情緒雪上加霜，不利於疾病的治療和身體的康復。

暖心智慧

如果你不懂如何安慰，比如親人因病去世，這樣的情況下任何安慰和關心都不起作用。這個時候，我們能做的只有靜靜地陪著他，感受他的悲傷、他的情緒，握住他的手，給他一個擁抱，讓他知道無論發生什麼，你都陪在他身邊。

逆向思維，壞事變成好事

遇到朋友失意的時候，我們總會說一句「塞翁失馬，焉知非福」。確實，任何事情都具有兩面性，有時候我們失望、難過，只是因為我們被迎面而來的打擊蒙蔽了雙眼，失去了面對挫折的勇氣，一味沉浸在痛苦之中不願自拔，因此也就看不到事情好的那一面。

很多時候，人們覺得難過，只是因為「當局者迷」，所以我們在安慰他人時就要以「旁觀者清」的理性思維幫失意者看到事情好的方面，一語點醒夢中人，讓對方在心理上得到慰藉和鼓勵，從而充滿信心地面對挫折。

有個女孩在網上寫書，結果收到許多罵她的評論，為此，她非常沮喪，一度想要放棄寫作。

她跟男朋友說起這事：「十條有七、八條是罵我的，這也太受打擊了，我寫得真有那麼差嗎？」

男朋友問：「妳跟我說有多少條罵妳的？」
女孩說：「有幾千條吧。」
男朋友笑道：「才幾千條啊，還差得遠著呢。等十幾萬條的時候，再說吧。」
「啊？」姑娘很不解。
男朋友說：「這網路作家就跟藝人明星一樣，不挨罵就沒有道理。妳被人罵，說明有人看妳的書，有人認真了，說明妳可以紅了。要是妳不紅，就沒有人知道妳這個人，自然就沒有人來罵妳了。」
姑娘恍然大悟，再看那些罵人的評論，就好像是寶貝一樣金貴，一下子就開心起來了。
要想把安慰的話說到對方心裡去，並且起到積極的作用，很重要的一點就是，要準確把握對方的受傷心理，用有針對性的安慰話語解開讓對方失落、難過的心結，讓失意者覺得沒必要再痛苦下去。這樣的安慰才是高情商的安慰，那些驢唇不對馬嘴的或者放在任何情況下都適用的「萬金油」式的安慰話，說了跟沒說一樣。

大苗與戀愛三年的女友分手了，非常傷心，整天精神恍惚，狀態很不好。心理輔導老師知道此事後，專門找他談話。一見面，老師就說：「我知道你失戀了，我是特意來向你道賀的！」大苗聽了很生氣，轉身就要走。

老師連忙叫住大苗，說：「難道你不問問為什麼嗎？」

大苗這才停下來，等著聽老師的下文。

老師說：「學生都希望自己快點成熟起來，而失敗能有效加速人的心理、思想進一步成熟，大學生的戀愛大多數屬於非婚姻型，隨著時間的累積，人慢慢成熟了，就有可能重新考慮對方，戀愛變局也就悄悄發生了。應該說，這是大學生心理成熟的一個重要標誌。你這麼放任自己的感情，是心理成熟的表現嗎？另外，越是臨近畢業，大學生越傾向於用理智處理愛情，會考慮到以後人生的走向，擇偶標準也趨向多元化，這是心理逐漸成熟的表現。馬上就要畢業了，未來還有很多事情需要你去做，現在還不是你可以傷心難過的時候，你明白嗎？」

這麼一番話講下來，大苗的表情由懊惱逐漸變得釋然起來。

在這個案例中，心理輔導老師祝賀失戀的說法有理有據，通過合情合理的分析，鼓舞大苗的鬥志，喚醒他的理性思考，將對方的關注點由眼下的痛苦轉移到未來要做的事情上，這才是有效的安慰。

所以，安慰他人不能總是說那些毫無價值的話，高情商人士一定會在他們的安慰話語裡添加一些東西，這些東西一定是有用並有價值的。所以，真正好的安慰，不只是漂亮話，而是一種理性的認知和觀點，可以將人從負面情緒中拉出來。

暖心智慧

逆向思維的安慰話關鍵在於要能夠站在旁觀者的角度看待他人的「失敗」，然後從中找到對於他來說「成功」的地方，並以此來點醒他，這樣就能喚醒失意者勇敢面對挫折的意識，幫助他慢慢從困境中走出來。

生活需要善意的謊言

謊言是毒藥，但善意的謊言是美德。當人們悲觀時，一句「我相信你一定能夠成功」，能讓人信心百倍。這就是善意的謊言。只要不違背原則和道德，何妨說幾句善意的謊言呢。

在人際交往中，高情商人士不拒絕說謊，不會一味地固執於「絕對誠實」，特別是面對極需安慰的人，為了不給對方帶來傷害，會說一些他人更容易接受的、善意的謊言，送去溫暖以撫慰人心。

有個高中三年級的女孩，在高考前的體能測試中發生了意外，結果只拿到勉強及格的分數。回到家裡，見到母親，女孩沮喪地說：「首戰失利，這不是好兆頭，只怕高考不能如意。」

母親聽了女孩的喪氣話，卻溫和地說：「妳啊，就是想得太多了。隔壁的老伯前陣子還說，妳若考不上大學，還有誰能考得上呢？難道一次突然的意外，還不如有經驗的預測嗎？」

聽了這話，女孩想了想，說：「媽媽，您說得對，一次意外而已，我準備了這麼長時間，一定會考上好大學的。」

晚上，女孩在自己的日記裡寫道：「沒有想到，在我的周圍，居然還有人對我抱著這麼大的期望，難道我自己卻要自暴自棄嗎？」

後來，女孩考上了重點大學，她特地去感謝隔壁的老伯，並讚嘆他真是慧眼識珠。老伯一臉茫然，說：「我沒說過這話，也不知道妳真的能考上這麼好的大學。」

這位母親撒了一個謊，卻是美麗而善意的，它帶來了正面的安慰效果，也無悖於道德。所以，在安慰他人的時候，若沒有更好的辦法，不妨說一個善意的謊言，同樣也能溫暖人心，撫慰心靈。

有時候說謊是為了擺脫令人不快的困境。比如，你與朋友出門逛街，朋友穿著新買的時裝，問你是否漂亮，如果你覺得實在難看，直接說出來又未免傷人，就可以稍微折衷一下，模糊作答說：「還好。」

「還好」的意思是什麼？可能是不太好，也可能是還可以。這就是善意的謊言，它與奉承和諂媚是有區別的，與其說其中有真實，不如說其中有溫情。

又比如，婉拒朋友的邀請，我們會說恰好要與戀人約會，或陪愛人上街購物，這樣在不破壞朋友情緒的前提下，以謊言做為拒絕的手段，比直接拒絕要好很多。

再比如，客人的孩子把杯子摔壞了，我們會說：「沒關係，早就想換新的了。」其實事實未必如此，我們之所以這樣說，只不過是為了減輕客人的心理壓力而已。

還有，「你今天穿得真有個性」、「好久不見了，你看上去還是那麼年輕」、「你越來越年輕了」、「你苗條多了」等，對這些話，聽者通常不會相信，但他們不會介意真實與否，只是為了聽著舒服，所以這些美麗的謊言可以常說。

再講一個鼓勵型的謊言，如「其實你很棒」、「我們都看得見你的刻苦和努力」、「一切都會好起來的」等。這類謊言通常是用於安慰情緒不佳或表現糟糕的同事和朋友的，可以寬他的心，對他來說肯定是有益無害的。

善意的謊言，如同奶油蛋糕上的拉花，不為勾食欲，只為賞心悅目。進蛋糕店的人，絕不是為了吃飽，而是需要美好的感覺。雖然大家都知道奶油蛋糕吃多了容易發胖，但還是有很多人去買。善意的謊言也是一樣。當然，這個時候我們的謊言必須是以成人之美、避人之嫌、寬人之心、利人之事為目的的，不應矯揉造作和誇大其詞，以免引起別人的反感。

”暖心智慧

在人際相處中，善意的謊言是必要的，沒有善意的謊言，就會讓人失去美好的感覺。撒點善意的謊，等於送上一束鮮花，帶給人的是美感。特別是安慰他人的時候，善意的謊言是有效的手段，在許多情境中都可以運用，安撫人心的效果很好。

第六章

用你的熱情，融化人心的堅冰

對別人多一份關心、多一份熱情，對你的社交具有極大的意義。儘管有的人會排斥熱情之人，說「無事獻殷勤，非奸即盜」，但大多數人還是喜歡與熱情之人打交道的。熱情是人際交往的利器。

你的熱情，是冬天裡的一把火

熱情，是人際交往中的熊熊火焰，可以調動彼此的情緒，活躍溝通氣氛。就算你沒有能力，如果有熱情，依然可以使有才能的人聚集到你的身邊來。這就是熱情的作用。

波士頓有個棒球隊，一直只有極少的觀眾，因為他們的表現實在很差。後來，他們來到了密爾瓦基，這裡的市民對這個新球隊非常熱情，棒球場人山人海，似乎每個人都對棒球隊充滿了信心。

市民們的熱情和信任給這支棒球隊注入了新鮮的血液，隊員們感到了極大的振奮和鼓舞，次年就奇蹟般地登上了聯賽的冠軍寶座。這支球隊仍然是原班人馬，卻脫胎換骨般創造了一個又一個佳績，發揮出了前所未有的驚人水平。可以說，觀眾的熱情賜予了他們新生命，是他們創造奇蹟的最大動力。

或許在某個時段，熱情起到的作用並不明顯，看不見，也摸不著，但是它那相當大的感染力，會在後來慢慢展露出來。

說話時的熱情尤其重要。一個冷淡的人，會讓沉悶的情緒彌散在周圍的空氣裡。而充滿熱情的人，嘴裡吐出的必定是令人振奮的話語。和這樣的人談話，你會在不知不覺間被同化，也變得熱情起來。

一個剛剛畢業的新聞系的畢業生正在急著找工作。有一天，他到某報社應聘，看到面試的總編的時候，他問：「你們需要一個編輯嗎？」

「不需要！」

「那麼記者呢？」

「不需要！」

「那麼排字工人、校對呢？」

「不，我們現在什麼空缺也沒有了。」

「哦，那麼，你們一定需要這個東西。」說著他從自己的文件包裡拿出一塊精緻的小牌子，上面寫著「額滿，暫不雇用」。

總編看了看這個牌子，面帶微笑地點了點頭，說：「如果你願意，可以先到我們廣告部工作。」

這個畢業生通過自己的熱情，給總編留下了美好並且深刻的印象，然後引起了總編對他極大的興趣，從而成功地為自己贏得了一份滿意的工作。

要想讓人感受到你的熱情，在與人說話的時候就一定要投入，自己的內心要能夠燃燒起來，這樣才能感動他人。當感動充溢於他們胸懷的時候，他們會真正地打開心門，進而改變自己的態度。

在一個鎮上有兩家賣豆腐的：老王家和老李家。兩家的豆腐的質量都差不多，分量也都很足，但奇怪的是，兩家生意的紅火程度卻大不相同，老王家的生意明顯要比老李家的好得多。為什麼同樣的豆腐，同樣的分量，生意上卻有這麼大的差別呢？

原來，同樣是賣豆腐，老王在給顧客秤豆腐的時候總會順便多說一句話。比如，張太太來買豆腐，他會熱情地問候：「太太，最近身體還好吧？」如果是家有孩子的人過來買豆腐，他就會問：「孩子還聽話吧，最近學習怎麼樣呀？」

剛開始的時候，大家對這種熱情的問候並不是多麼在意，但是時間久了，大家也就把老王當成朋友，不自覺地照顧起他的生意來。

熱情能使說服獲得格外的成功。因為人都是有情感的，我們「熱」起來的時候，這種情感也會傳導給對方，使對方的情緒也「熱」起來。美國哲學家愛默生說得好：「大凡無『熱情』而完成大業者，未曾有之。」

當你熱烈地相信並熱愛自己確信的事物時，你所有的精神動力會產生超乎想像的力量。當人們接近熱情的人時，他們會知道這個人不同尋常，並報以令人興奮的回應。

那麼，具體怎麼表達你的熱情呢？對待我們周圍的人，不妨設法瞭解，並且記住他們的名字。當某一天在路上相遇的時候，熱情地叫出對方的名字，打一聲招呼，這樣或許就會產生意想不到的效果。

暖心智慧

每天早上，見到別人問一聲好；每天晚上睡覺前，跟家人說晚安。這些簡單的細節，可以讓人感到舒服，同時也將改變你在他人眼中的形象。

一句寒暄，打開交際之門

平日裡表現自己的熱情，有種常見的方式——寒暄。如果你懂得與人寒暄，那麼建立良好的關係便很簡單。在寒暄的過程中流露出關切之情，往往讓人感覺很溫暖。當然，有些人討厭與人寒暄，認為那些話都是廢話，沒有意義。這樣的看法是不對的。

無論是陌生人初次相見，還是老友相聚，都離不開寒暄。寒暄看似廢話，卻極為實用。得體的寒暄，有助於拉近彼此的距離，創造出和諧、融洽的溝通氛圍；而不得體的寒暄，則會帶來誤會，破壞人際關係。寒暄不是簡單的打招呼，也不是輕描淡寫的問候，更不是廢話，而是人際溝通的最好鋪墊。

在一次非正式聚會中，有位作家遇到了兩名大學畢業生。其中一名大學生很認真地向作家介紹自己：「您好，我叫×××，今年剛從××大學畢業，現在正在找工作。」作家愣住了，趕忙接話說：「是嗎？那要加油啊，祝你早日找到滿意的工作。」

很明顯，這名大學生的說話方式有問題。要知道，作家和他根本不熟，在對他的背景、個性以及特長一無所知的情況下，他傳達給作家一個自己正在找工作的信息，這根本就是一種無效信息，對他找工作起不到任何作用。

相反，另一個大學生的交談方式，就非常值得讚賞。他見到作家，很高興，走上前去打招呼，問了一個看似廢話的問題：「您好，先生，聽說您是一名作家？」作家謙虛地說道：「哦，哪算得上作家，只是隨便寫寫而已。」這個大學生笑著說：「我也是，平時也會寫點東西，不過我更喜歡畫畫，我是一名美術學院畢業的學生。」

就這樣，兩個人很自然地聊起了寫作和畫畫的話題。兩個人聊得很開心，大學生很自然地提到了找工作的事，作家愉快地表示，自己很願意把在美術館和畫廊工作的朋友引薦給他認識。

這就是寒暄之妙，其妙在自然。須知，拉近人的心理距離，最要緊的莫過於把握自然而然的節奏。看似廢話的閒聊和寒暄，就有自然而然的力量。在我國，最常見的寒暄用語就是「吃飯了嗎？」想想，這樣的問句有什麼意思呢？基本上沒什麼意思。但人們每天都將它掛在嘴邊，問得自然而然。而當你聽到對方問這句話的時候，你會有被關心的感覺。

儘管這些寒暄語本身並沒有什麼實際內容，卻是人際交往中不可缺少的，它能使見面時的氣氛變得融洽、活躍，增加人們之間的親切感，從而增進彼此間的友誼。正如一位人際關係專家所說：「寒暄是人際交往的起點。」

在不同的場合，應該使用不同的寒暄語，這樣寒暄才算得體，才能起到潤滑人際關係的效果。下面簡單介紹了幾種常見的寒暄用語及其應用方法，希望對大家有所幫助。

第一，問候式。最典型的問候方法就是問好，比如「你好嗎？」「你們好嗎？」「大家好嗎？」等，這些是人際交往中用得最多的一種問候語。這種寒暄的好處在於，交際雙方都很熱情有禮，話也說得比較得體，體現了一種親和、友善的關係，對於密切雙方關係、增進彼此的友誼具有極其重要的作用。除此之外，還有諸如「你這是上哪去啊？」「吃過飯了嗎？」之類的問法，這類問題雖然表面上是疑問句，但並不表示提問，而是交際雙方見面時的一種問候，主要適用於熟識的人之間。

第二，攀認式。這種寒暄，簡單地說，就是問雙方共同或相似的地方，以達到拉近雙方關係的目的。與陌生人交往時，只要細心觀察，就不難發現雙方總會有這樣或那樣的共同點或相似點，比如「同鄉」、「同齡」、「共同的興趣愛好」、「相似的經歷」等，這些都是拉近雙方關係的切入點。比如，「你是哪裡人啊？」「啊，上海人，上海人好啊，我也算半個上海人。我在上海讀了四年書，上海可以說是我的第二故鄉。」

第三，誇讚式。這種寒暄的好處在於，可以融洽和活躍交談氣氛，使人得到心理滿足。比如，「哎呀，妳這頭髮在哪裡做的？好漂亮啊！」在讚美之前，加上一個恰當的問句，讚美效果會成倍遞增。

第四，描述式。針對某種具體的交際場景而發出的寒暄。比如，對方正在做什麼事、剛剛做完什麼事或馬上要做什麼事，都可以成為寒暄的話題。例如：「喲，最近這麼忙啊，剛下班呢？」「買了這麼多菜！今晚要親自下廚啊？」

第五，言他式。交際雙方見面以後，以彼此本身以外的事物做為寒暄話題。例如：「今天聽天氣預報了嗎？預報說今天的溫度高達三十八度C呢！」「嗯，這天氣可真叫熱啊！」簡單的兩句話，可以迅速拉近雙方的關係，溝通雙方的情感。

以上就是幾種常見的寒暄方法，別看簡單，卻十分有效。你可以根據場景選用。最後要提醒你注意的是，在噓寒問暖的過程中，要把握三點要求。第一，一定要自然。這點可以參考上面的大學生案例。第二，一定要建立認同感。也就是要問對方感興趣的事情。第三，保持親和的態度，表達熱情，調節氣氛。

”暖心智慧

多用「我們」，可以迅速拉近關係。比如，跟剛認識的人約見，把「明天在哪見面啊」換成「明天我們在哪見面啊」，雖然只是一個細節的改動，但是顯得更親切了。

閒聊很溫暖，廢話有力量

在日常生活中，閒聊是我們說得最多的話。在大多數人眼裡，閒聊就是說廢話，是浪費時間和生命。對許多人來說，會說話的意思，就是要說有用的話。然而，事實上，閒聊聊得好，同樣可以為人生增加色彩，說廢話對我們的人生同樣重要。

很多時候，廢話代表的是熱情。我們的生活裡需要廢話的調劑，沒有廢話的人生必然是疲憊的人生。廢話是有效益的，其實它是一種近在咫尺的美好，如同我們每天呼吸的空氣，只是我們看不見，便覺得沒什麼大不了。然而，不要小看廢話的力量。其實，如果願意，我們完全可以運用廢話的藝術，為人生帶來更多的溫暖。

在許多人眼裡，陳姊是一個愛說廢話的人，但她也是公司裡人緣最好的人。大家都喜歡跟她在一起工作，因為她遇到每個人都會熱情地交流，她說的話儘管都沒有什麼特別的用處，卻總能讓人感受到一種輕鬆自由的氛圍。

有天早上，陳姊到公司上班，在樓下看到孟小姐在中庭的綠化帶散步，遠遠地便打招呼：「小美女，一大早就在這裡吐納，妳可真會保養！」

孟小姐客氣地跟她說自己瞭解一點點中醫，陳姊馬上從中醫說到韓醫，同時又對韓國人宣稱中醫是他們發明的論調展開評論……十五分鐘的時間就在她劈哩啪啦的廢話中一眨眼過去了。

孟小姐說得少聽得多，但是心裡的確放鬆了很多。聽著陳姊說的那些廢話，似乎還頗有點寧神靜氣的效果。於是，孟小姐跟陳姊成了好朋友，而且，越來越願意整天聽陳姊絮絮叨叨地說個不停。

孟小姐很疑惑，為什麼自己會喜歡聽一個人說廢話呢？相處久了，孟小姐便問：「陳姊，認識妳這麼長時間，和妳在一起工作真的很愉快，但恕我直言，妳為什麼那麼喜歡說話？」

陳姊笑道：「妳的意思我明白，就是我的廢話太多了。但妳沒發現其實妳挺喜歡聽廢話嗎？其實不只是妳，每個人都愛聽廢話。」

原來性格外向、滔滔不絕的陳姊是愛爾蘭某所國立大學的畢業生。陳姊笑稱，在愛爾蘭留學那幾年，最大的收穫不是學歷、學位，而是學會了做個「廢話小姐」。

在愛爾蘭，等巴士的時候，若不跟身邊的人說上幾句廢話，那是很失禮的行為；在戲院排隊買票，若不跟身邊一起排隊的人扯上幾句，也很不禮貌……

回國後，陳姊找工作非常順利。面試的時候，別人都是正襟危坐地介紹自己的學歷、能力、短長期規劃、長期規劃之類的，她卻不是這樣，還沒有坐下來，就開始說廢話了：

「我覺得貴公司洗手間裡的洗手液，水摻多了，當然公用洗手液摻水是符合節省開支理念的做法，但是據我瞭解，三：七的比例是最合適的，再高就會造成一次擠壓出來的洗手液達不到清潔效果，必須二次擠壓，這樣一來，反而造成浪費……」

陳姊應聘的職位是行政助理，而這一通廢話，卻讓老總對她刮目相看，因此把她留了下來，擔任後勤部執行主管。

看完陳姊的故事，你的想法是否改變了呢？其實廢話並不是我們想像中的那般無用，雖然廢話的意思並不明確，可廢話在人際交往中不可或缺。

它既可以溝通思想，拉近彼此的距離，又可以促進感情交流，摸清對方的喜好、性格特徵和對自己觀點的支持與認同感。所以，人們在交流過程中，其實往往是靠廢話來聯繫的。

如果你沒有廢話，沒有閒聊，你的每句話都充滿意義，那麼你會發現，你的聽眾會厭煩。

廢話，從另一個層面上來說，就是沒有目的的語言，因為沒有目的，所以更能讓人親近，讓人信任，也讓人感到溫暖。

陳姊之所以如此受人歡迎，正是因為她廢話連篇，說出的話沒有目的性，讓別人在她面前交流沒有利益得失的嫌疑，因而感覺很輕鬆，進而產生一種親近感、愉悅感，跟她做好友就成了自然而然的願望。

廢話不僅可以讓你做個受歡迎的人，還可以助你更快地達到目的。所以，為人處世就要學會說一些廢話。通常來說，受人歡迎的廢話主要涉及三大方面：天氣、美食、美景。

如果對方對吃喝玩樂不感興趣，那就說說各自的大學、時事熱點問題等等。有經驗的人會仔細傾聽別人感興趣的內容，然後再開始說廢話——對方喜歡足球，那就聊足球；對方愛旅遊，那就聊旅遊；對方愛收藏，那就聊古董。

總而言之，就是要抓住對方的心理，充分發揮廢話的無用之用。說廢話的基本思路概括起來就是：說完每句話的時候，如果對方感興趣，就順著他的話題走下去；如果對方不感興趣，就換個話題。

”
暖心智慧

說廢話一定要把握好程度，廢話說太多，會顯得人囉唆、輕浮，千萬不要剛一轉身就被人罵「嘴真貧」、「真無聊」。說廢話不是胡說八道、吹牛，更近於輕鬆自在的寒暄，這樣才能給人親切之感。

真熱情，就說對方感興趣的話

有趣的話題可以消除隔閡，有助於我們順暢地交談。正所謂：「酒逢知己千杯少，話不投機半句多。」

話要說得投機，就需要注意話題的選擇。假如你說一個話題，對方並不感興趣，那麼你們的交談就進行不下去，所謂的交情又如何談起呢？

相反，若是你選擇的話題，你的交談對象正好感興趣，那便可以有效地激發對方的交流欲望，從而進入互動環節，這才有機會發展彼此的友誼。

每個希望通過交談贏得友誼的人，都需要學會選擇交談的話題，在交談的過程中，尤其要注意的是盡量說對方熟悉、感興趣的話題，而不是自己喜歡的話題，這非常重要，也是高情商的體現。

有個年輕的業務員，平時很喜歡閱讀，尤其喜歡中國古代的詩詞。工作之餘，他最大的愛好就是窩在家裡，看看古典詩詞。時間久了，他腦子中也就積累了很多這方面的知識，與人說話時總會引經據典，時不時蹦出來幾句古詩詞。

有一次，他去拜訪一位客戶，那是一位頭髮斑白的老人家。據說這位老者在經商之前，曾是一所知名大學的中文系教授，是一個非常冷靜和理智的人。他剛接觸老者的時候，對方的表現十分冷淡。但他不願意輕易放棄，而是極盡口舌之能，盡量挑好聽的話說，試圖讓對方改變態度。可是，無論他如何說，老者還是沒有一點願意合作的意向。

看到對方確實沒有合作的意思，他的心情也就黯淡下來，有了放棄的念頭。在走之前，他不再期望能夠和對方達成合作，就輕輕鬆鬆地和對方交流起來。

就在這個時候，他的古文素養得以表現出來。他與對方交流的過程中，時不時說幾句貼切的古典詩詞，使他的語言顯得更有魅力。他的改變使老人家微微一愣，不由得多打量了他幾眼，不過，卻沒有多說什麼。

從老人家那裡離開後，年輕的業務員認為自己肯定無法抓住這個客戶了。可是讓他沒有想到的是，幾天後，他卻意外地接到了對方打來的電話。在詳細瞭解情況之後，老人家愉快地和他簽訂了合同。再後來，他和那位老人家成了忘年之交。

對方喜歡花草，我們就可以跟他討論有關花草的問題，因為那是他最感興趣的話題。當我們跟他談論這樣的話題時，他會感覺到我們對他的尊重和關切，理所當然就會對我們產生好感了。

在與人交談時，我們不能只顧自己的喜樂或愛好，而應該時刻顧及對方的興趣和感受，唯有如此，對方才會覺得榮幸，才會對我們產生好感，從而使我們在不知不覺中達到自己的目的，並贏得對方的友誼。

比如，你想和一個追星的女孩做朋友，誇她的偶像時，不僅要誇她的偶像帥，還要誇人品好、對粉絲好、演技好，有才華，這是最快的建立友誼的方式。

尤其要注意，你可以嘲笑你的朋友，但不可以嘲笑他喜歡的東西，尤其不要嘲笑他的偶像。如果你有追星的朋友，一定要記住這一條。你可以說她追星腦殘，但絕對不可以說她追的星腦殘。否則，友誼就會終結。

如果聊到吃的話題，一定要記住對方愛吃什麼，這樣下次一起吃飯的時候，你就可以點對方愛吃的菜。很多美好的人際關係的建立，都是來自於對這種小細節的留意。

當然，如果你與對方正好有相同的愛好，那麼聊起來就會更加愉快。

相信大家都聽過收音機，收音機都是有頻道的，只有調到那個頻道，才會收到相應的節目信息：你想聽新聞，就要調到新聞頻道；你想聽音樂，就要調到音樂頻道；你想聽曲藝，就要調到曲藝頻道。如果你和對方恰好處在同一「頻道」上，那麼兩人就會產生極大的共鳴。

如果不知道對方的興趣點和雙方的共同點，又該聊什麼話題呢？可以聊大眾性話題。因為這類話題是大部分人都想談、愛談，而且又能談的話題，以這種話題做為交談內容，雙方自然能說個不停。

比如，氣候、季節、新聞、傳說、電視、電影等，都是不錯的話題。

當然，在選擇話題時，要注意選擇交談對象感興趣的話題，這樣才能有效地激發對方的談話興致。

這些大家喜聞樂見的話題就像催化劑一樣，能拉近我們與他人之間的心理距離，從而有利於深入交往。

另外，要注意的是，不管談論什麼話題，我們都要有自己的見解。如果像個磕頭蟲一樣，不管對方說什麼都只是「哼哈」地點頭，對方就會覺得與你交談很沒意思，對你的印象也會大打折扣。

暖心智慧

聊天的時候，如果少用「我」，多說「你」，對方就會覺得與你意氣相投，聊得自然興起。因此，不妨多瞭解一下對方的興趣愛好，這樣，就會越談越投機，越談距離越近，越談感情越深。

參與感，讓談話熱絡起來

交談就像傳接球，永遠不是單向的傳遞，如果其中有人一直自己扔著玩，不傳球，就可能會出現難堪，直到他把球傳出去，一切才能恢復正常。所以，我們在與人交流的時候，必須注意：自己是否給對方留有發表自己見解的機會，而不是拒之於談話之外？是否挫傷了對方的積極性？更重要的是，你要能夠對他們的話表現出關注，而不是顯得只對自己感興趣。

高情商的聊天模式是，你不但應該讓別人有發表意見的機會，還得設法引起別人說話的欲望。每當說完對某件事的看法後，你可以問一句「你呢」、「你怎麼看」，把話題丟給對方，讓對方也有表達的空間和機會，使對方有參與感，這樣談話才能自然而然地進行下去。

雲先生在某保險公司從事外勤工作已經二十年了，是個經驗非常豐富的行家。在公司眾多外勤人員中，他的成績一直是出類拔萃的。在工作中，他從不勸說客戶購買保險，而是運用自己獨特的方法。

其他外勤人員通常會在客戶面前擺上好幾本小冊子，然後向他們說明到期時間和應收金額，並口若懸河地以一種非常熟練的語調反覆地講述客戶在投保後將能得到多大的好處。雲先生卻不這樣做。

他總是從對方感興趣的話題說起，稍許談談自己在這方面的無知和失敗的體會。原本對勸說投保一事素有戒心的人，因為他談的是自己喜歡的話題，便在無意中與他聊了起來。之後，他總是認真地聽著，並為對方的講述而感到欽佩和驚嘆。於是，對方不知不覺地傾吐了內心的煩惱，談了自己的理想和希望。

最後，他會尋找時機，提出投保的問題：「保險不能亂投，還需要適當地投保啊！」雙方展開具有互動性質的談話，這樣做往往能得到客戶的肯定。

雲先生的做法，就是讓談話對象有參與感。有些人在生活中常容易犯一個毛病：一旦他們打開話匣子，就難以止住，別人想說話也插不進嘴，硬是把雙方的溝通變成自己的演講。他們自己倒是說痛快了，但別人的表達欲望被遏阻了，心裡肯定會很不痛快。在此情況下，他們就很難得到別人的認同，談話氛圍也不會融洽，所以，為什麼要做這樣的傻事呢？

我們看電視裡的主持人與嘉賓之間的對話，往往會覺得兩個人都能說會道、文化素養高，其實，主要是因為他們都懂得傾聽別人，尊重別人，讓別人能充分參與到聊天過程中。只有這樣，才可以你一句我一句，聊得不亦樂乎，雙方的水平和素養也在順暢、愉快的聊天互動中顯現出來。所以，名嘴之所以成為名嘴，不僅僅是因為自己會說，還因為也能讓別人說。

一個商店的售貨員，如果拚命地稱讚自己的東西怎樣好，不給顧客說話的機會，很可能就會失去這位顧客的生意。因為顧客不過是把你的花言巧語當作是一種生意經，絕不會輕易相信而購買商品。反過來，你如果給顧客留出說話的餘地，使其對商品有評價的機會，你的生意便有可能做成功。因為顧客都有選擇和吹毛求疵的心理，如果你只是一味地誇耀或是對顧客的挑剔加以辯解，就無異於說顧客不識好貨。受到這麼大的侮辱，他還會買你的商品嗎？

其實，只顧自己說是一種得不償失的交談方式。因為話說得多了，既會讓對方覺得厭倦，又會導致別人沒機會表達自己的想法，你也就無法從他身上吸取有用的東西。所以，與其自己嘮嘮叨叨地說些廢話，還不如爽快地讓別人去說，這樣就能給人留下一個好印象，別人就會更願意與你交談。

記住，聊天不是你的獨角戲，人人都有參與的欲望，只有人人都說得愉快盡興，聊天才能順利進行。因此，如果想要別人喜歡跟你聊天，而你也不想再遭遇對方沉默不語的尷尬，那麼就從管住自己的嘴巴，給對方說話的機會開始吧。

”暖心智慧

交談過程中要讓人感到舒服，不僅自己要把話說好，還要讓對方把話說好。你要讓人參與進來，這才有戲，否則只有你一個人，說得再有道理，也沒有用。所以，不要長篇大論，每當說幾句話後，不妨說：「你覺得呢？」在對方表達完見解後，還要適時地表示理解和支持：「你的這番話很有見地。」這樣，對方的談興就會高漲起來。

善解人意，學會轉換話題

每個人都有自己的戒備心，而且要戒備的方面又各不相同。在聊天的時候，有些話題，雖然你覺得沒什麼，但對方可能會很敏感。所以，當你發現一個話題卡住了時，不必抓住不放，你越是刨根問底，對方就會越不快。這個時候，最明智的做法就是，趕緊轉移話題，而不要不識趣地繼續說下去。

某位大學教授悉心鑽研中國文物鑑定學，出版了一本近二十萬字的文物鑑定專著。記者來到這位教授家裡採訪，想讓他介紹一下自己的研究成果和寫書經驗。但是教授面帶難色，連連推辭道：「只是一個專題學習，談不上什麼經驗。」

正在這個時候，記者抬頭看到牆上的隸書書法作品，羨慕地問：「教授，這隸書是您寫的吧？」

教授有些自得地回答道：「嗯，是啊！閒著沒事就寫幾筆。」

記者又問：「那麼請您談談隸書的特點，好嗎？」

這正是教授感興趣和願意談的話題。於是，教授開始講起自己的認識，雙方的交流逐漸變得融洽起來。

這時，記者不失時機地說：「教授，您對隸書很有研究，我們以後還要請您多加指導。從您對書法的研究看得出來，您在書畫方面的造詣非常高，在您新出的文物鑑定專著當中，也有書畫鑑定方面的奇思妙想，那您是怎麼產生這些奇思妙想的呢？」

教授聽了，微微一笑，道：「想聽故事了？」記者連連點頭，教授深感盛情難卻，便講起了自己的文物鑑定經歷，以及相關的思考。

話題卡住的情況，多是因為我們的話題觸犯了別人的某個禁區，或是激起了對方的不悅情緒。要轉移話題調動對方的談興，就要瞭解對方的心理和情感，以免轉移到一個同樣會激發對方不悅情緒的話題上。特別是和女性朋友聊天，女人天生戒備心強，再加上後天教育，恨不得人人自戴無形盔甲。尤其是像年齡、薪資這些隱私問題，不要隨便聊，如果遇到話題卡住了的情況，要馬上轉移話題，這是高情商人士的做法。

我們只有把握他人的情感變化，說出的話才能讓人感到舒服。情感是人的內心世界的一部分，一般是捉摸不定，較難把握的。但是，在有些場合，人內心的動態又常會通過各種方式外露出來。

如果我們善於觀察聽者的一舉一動，並能據此加以分析和推測，那麼我們基本上就可以掌握聽者的心理和情感狀態，然後再順著對方的心理適時地調整話題的方向，這樣就能讓談話逐漸熱絡起來了。

當某個話題無法引起對方的興趣時，要有針對性地、有選擇地挑選新的話題，以激起對方的談興。例如，同運動員談心理與競技的關係，同外交人員談公共關係學，對方肯定會覺得正中下懷，談興大發。

在運用這種技巧時，說話者首先要瞭解聽者的心理和情感。我們也只有在瞭解交談對象的心理和情感的基礎上，才能知道某個場合該講什麼，不該講什麼，哪些話題能夠打動交談對象，並使其與自己產生共鳴。

值得注意的是，轉換話題後，說話者要注意在適當的時機及時將話題引入自己要表述的正題。因為換話題只是給談正題打下一個基礎，而非交談的真正目的。所以，當雙方對所換話題談興正濃，感情溝通到一定程度時，說話者就要適可而止，將話題轉入正題，這樣就能更好地繼續說完你想說的話題。

暖心智慧

話題卡住了，如果仍然鍥而不捨地追問，只會讓交談出現尷尬，進而導致冷場，甚至破壞彼此的良好關係。高情商的做法就是放棄追問，善解人意地轉移話題。本來涉及敏感話題，已經讓人不舒服了，而打破砂鍋問到底，只會讓人感到更加不舒服。

第七章

委婉拒絕，暖心不傷人

拒絕是一個十分重要
而又有相當難度的技巧。
有些人喜歡你直截了當地
告訴他拒絕的理由，
而對有些人則應以
委婉含蓄的方法拒絕，
所以拒絕要做到因人而異、因事而異。
學會暖心而不傷人地說出拒絕的話，
是高情商的表現。

說「不」，你有更好的選擇

拒絕別人，是一件很傷感情的事，幾乎每個人都明白這一點，但是你也有不得不拒絕的情況，這個時候怎麼辦呢？不妨讓拒絕的話語更加委婉，讓拒絕在輕鬆愉快的氣氛中達成，將拒絕帶給對方的傷害降到最低。

高情商人士懂得優雅地拒絕，在許多時候，會考慮到拒絕對象的心理，所以會盡量使用委婉的方法說出「不」字。這等於為不入耳的語言穿上好看的衣服。

在公司的一次表決會上，公司推出一項新規定，詢問大家的意見。會議主持人問劉小姐：「妳贊成這條新規定嗎？」

劉小姐笑著說：「我的朋友中，有的贊成，有的反對。」

會議主持人問：「我問的是妳。」

劉小姐說：「其實，我贊成我的朋友們。」

劉小姐的拒絕，委婉而優雅，讓人印象深刻，既不損提問者的顏面，又很好地表達了自己的意思。像劉小姐那樣，在說「不」的時候費一番思量，做到不傷害對方，也不使自己為難，才算是拒絕的上上策。

許多人談到拒絕，要麼覺得不好意思拒絕，要麼覺得直接拒絕就好，沒什麼其他更好的選擇。其實生活中肯定不只兩種選擇，拒絕也同樣如此，不要把自己限定在「接受」與「拒絕」這樣的非彼即此、非此即彼的選擇當中，至少你可以選擇讓自己把話說得更漂亮一點。

同樣的意思用不同的方式表達出來，給人的感受是不一樣的，即便是拒絕的話也是如此。你可以嘗試著比較一下「我認為你這種說法不對」與「我不認為你這種說法是對的」，「你覺得這樣不好」與「我覺得這樣好」這兩種表達方式。我們不難發現，儘管前後的意思是一樣的，但在拒絕別人的時候，後者顯然更為委婉，較易為人所接受。

委婉的話用於拒絕中，可以很好地化解尷尬，然而可惜生活中不少人不擅用委婉的話來拒絕，結果經常造成一些不必要的麻煩。其實，只要平時注意一點，掌握一些委婉拒絕的技巧，就完全可以消除這些尷尬。下面幾種拒絕方式就不錯，可以學習和借鑑。

第一，敷衍式回答。把矛盾引向另外的地方，告訴對方你不是不幫他，而是你幫不了。例如，有人託你辦事，你不好當面拒絕，便可以說：「我們單位是集體領導，我不是唯一的負責人。你的事需要大家討論才能決定。不過，這件事恐怕很難通過，最好還是別抱什麼希望，如果你實在要堅持，待大家討論後再說，我個人說了不算數。」對方聽到這樣的話，通常就會無奈地說：「那好吧，既然是這樣，我也不難為你了。」

第二，答非所問。對方問：「此事您能不能幫忙？」你可以說：「我一會要去參加一個重要的會議。」這種答非所問的話，要比你直接說「不行」好得多。對方會從你的話語中感受到，他的請託得不到你的幫助，自然就會知難而退。

第三，使用商量的語氣。在拒絕的時候，為了讓自己的話聽起來委婉一些，你可以採用商量的語氣。比如，有人邀請你參加某集會，而你有事纏身無法接受邀請，可以這樣說：「太對不起了，我今天的確太忙了，下個星期天行嗎？」這句話要比直接拒絕別人好得多。

第四，裝傻充愣，轉移話題。比如，在宴會上，一個朋友找到你，請你幫他去找另一個人說好話，而你又實在不想去，這時你不妨裝傻充愣：「他在哪裡呢？我怎麼沒看到？」然後，不要等他給你指明方向，立刻將話題轉移到其他地方：「今天的宴會辦得真是不錯，咦！那邊好像有什麼活動，我過去看看，你先自己逛逛吧！」說完立即走開，這樣既保住了對方的面子，又表達了自己的拒絕。

高情商人士並非頭腦僵化之輩，他們不只懂得人心，還懂得人生的選擇不只一種，所以他們會選擇更好的方式去化解不必要的矛盾。假如你懂得這個道理，你的拒絕能力就會大大增強，同時你的生活也會變得更加美好。

暖心智慧

生活不只一條路，還有很多條，拒絕也是如此。你可以試著先同意，比如，你可以說：「郊遊？太棒了！我早就想和你一起好好到郊外玩玩了，可是……」這樣可以很快消除拒絕他人的尷尬，因為你對沒有答應他的要求表示了遺憾，他雖遭到拒絕，但心裡還是會理解你的。你還可以這樣說：「沒問題，我也想多做一些，但是我現在的任務確實堆積如山。你能不能過一個月左右再來找我？」這樣說具有同樣的效果。

有什麼苦衷就說出來

對許多人來說，其實想拒絕別人並不難，為難的地方在於不知道怎樣拒絕更好。換句話說，怎樣拒絕才不會讓人不痛快，甚至還讓人覺得挺舒服。這毫無疑問是一種比較高難度的挑戰，但並不是不可能完成的任務。

生活中有很多人因為不知道該怎麼拒絕，於是乾脆不拒絕，勉強自己去接受。特別是一些職場人士，更是如此。結果工作做不好，還損害了自己的健康，令人嘆息。其實許多時候，只要將自己的苦衷說一說，就是很好的拒絕方法。

林小姐所在的辦公室有一位同事離職了，本來需要三個人完成的工作就落到了她和另一位同事身上。那位同事的孩子小，林小姐不得不多承擔一些工作。為了按時完成任務，她經常加班加點。後來她實在扛不住了，就找老闆傾訴自己的壓力，要求加派人手。

老闆聽了林小姐的訴苦，很驚訝地說：「我一直以為你們人手夠了呢，妳怎麼不早說呢？」一個星期之後，新人到位，林小姐解脫了。

拒絕時，有什麼難處、苦處，就說出來吧。只要說出你的困難，不必要求對方體諒你，對方已經到了嘴邊的要求就不得不嚥回去。訴苦會讓人同情，無論聽者有何反應，請求或要求的話恐怕都難以出口。

我們都是凡人，不可能呼風喚雨，什麼事都能做到，我們總有自己的難處和苦衷。想要拒絕的時候，這些難處和苦衷就是很好的理由。

比如，你向朋友借來一架高級照相機，你的一位同事看到這架照相機性能很好，非要借去用兩天不可，而你又無權轉借，那麼，你就需要耐心地向對方解釋，請他諒解。你可以這樣說：

「你喜歡攝影，我比任何人都清楚，按理說我的確應該借給你。可是借的時候人家說明了不讓轉借。所以實在對不住了，請你原諒！」

大量事實證明，坦誠地講述自己的難處，有目的性地訴苦，是非常有效的溝通方式，特別是在拒絕的過程中，往往能夠發揮特別的作用。由此看來，訴苦其實是一種能力，一種特別的方法。如果你能夠將自己的悲慘境遇加以真切表達，令聞者傷心、聽者落淚，那可謂極品的人才。

暖心智慧

訴苦是一種高情商的拒絕方式，一種很好的自我保護的方法，一種很好的心靈溝通的技巧。同時，它也是一種很好的心理調節辦法，能夠有效地幫助你釋放內心的壓力。適當地表現自己的脆弱，會讓你的拒絕更真切，使對方不會覺得沒面子，反而容易產生理解和同情，甚至會有同病相憐的感受，轉而使雙方的感情更好。

拒絕時一定要有耐心

被人拒絕是一件令人尷尬而又傷感情的事，原本滿懷期待，卻被一個生硬的「不」字擋了回來，多麼令人失望和沮喪！特別是說「不」的人，如果脾氣不好，會把傷害放大十倍、百倍，這肯定不是高情商人士的做法。

高情商人士的高明之處，首在控制自己的情緒，拒絕他人時更是如此。他們很有耐心，會認真地解釋當前的情況。如果沒有耐心，懷著強烈的牴觸情緒，就很容易煩躁地拒絕他人，這樣即便你的理由是真實可信的，也會讓人感覺很不舒服。

小黃是一家公司的中堅幹部，最近公司讓他負責一項職責以外的工作，弄得他頭昏腦脹。由於是第一次接觸這樣的工作，所以他不明白的地方有很多，這樣一來，就導致了工作進度十分緩慢。偏偏在這個時候，上司又委派他去外地參加一個業務研討會。

小黃心裡本來已經夠煩躁了，這下更激發了他的牴觸情緒，於是他不自覺地用比較強硬的口吻拒絕說：「不行，不行，您找別人吧！這麼多理不清的事情，讓我焦頭爛額的，現在根本就沒時間參加什麼研討會！」

聽到下屬這樣跟自己說話，上司的心情很不好，怒道：「好吧，那以後就不麻煩你了！」

小黃已經被諸多雜亂的事情影響了情緒，進而失去了對自己情緒的把控，結果在不經意間傷害了別人。本來有著很好的拒絕理由，結果聽起來更像是在故意拒絕上司。這應該引起我們的注意，一定要時刻保持我們的耐心，即便是拒絕，也是如此。

被拒絕的人，之所以會有一種不愉快的感覺，一方面是由於自己的要求沒有得到滿足；另一方面是覺得自己在別人心裡不重要，或者覺得別人不夠尊重他。不過，比起這兩種不好的感覺，他們更不願意自己在心理上受到創傷。如果在遭到拒絕的時候，他們心理上能夠過得去，就會有一種舒服的感覺。他們的心理得到撫慰之後，失去的東西也就微不足道了。

如果連這樣一點耐心都沒有，就不會注意到對方的心理需求，你又怎麼能找到合適的話語去安撫對方受傷的心靈呢？

當別人向你求助或要求你去做某件事時，即使你真的無能為力，也要先按捺住自己的情緒，然後再委婉地拒絕對方：「真對不起，我真的很想幫你，可是我的確無能為力……我自己正處於水深火熱之中，無法顧及其他。」這樣的一番話，入情入理，可謂恰到好處。

你也可以多稱讚對方，在無形中將他抬高，滿足他的自尊心，這樣在你說出拒絕的話語時，對方的抗拒感也會少很多。

比如，你的妻子想買一雙新款高跟鞋，對你說：「你看，張太太買的那雙新款高跟鞋，玫瑰色的，真好看！」你可以回答：「她怎麼能和妳相比，如果她像妳這麼漂亮，就不用買高跟鞋了。我的太太身材、長相都出眾，不穿高跟鞋也很好看的！」

試想一下，如果妻子堅持要買，就等於承認自己不漂亮，女人似乎都不願意承認這點。而你通過誇讚妻子的美貌，既討好了妻子又巧妙地拒絕了妻子買買買的要求，可謂一舉兩得。事實上，生活中許多男人都是這樣拒絕妻子的，讓人擊節讚賞，簡直太有智慧了。

暖心智慧

拒絕他人一定要有耐心，不要著急說「不」，牴觸情緒更是要不得。面對他人的要求，就算你非常牴觸，也要將之藏於心底。唯有如此，你才能更好地拒絕。否則，如果你的拒絕帶著明顯的情緒，容易讓人感到不爽，其效果就會大打折扣。

讓被拒絕的人笑著離開

學過前面的拒絕方法後，你可能仍然不滿足，你會想：有沒有更加高明的拒絕方法，不僅能減輕拒絕所帶來的傷害，還能讓對方感到滿意？事實上，這並非不可能，那就是用誇讚的方式來拒絕。這既可以滿足對方的自尊心，又能讓對方感到自己的要求是不必要的，從而自動撤回其要求。

在生活中，當別人向我們提出難以達到的請求時，我們可以借著抬高對方的機會，讓對方感覺他的狀況已經很好，不需要再改善，從而達到拒絕對方的目的。這樣，既不會傷害對方的自尊心，又使對方難以再開口。

梁小姐相貌出眾，在一家公司負責產品銷售策劃工作。有一次，跟某公司經理談業務，經理悄悄邀請她：「小梁，晚上陪我吃消夜好嗎？」

礙於情面，梁小姐按時赴了約。見面後，兩個人邊吃邊談，經理時不時發出一些交往的暗示。梁小姐裝作不知道，竭力向經理勸酒，滔滔不絕地向他介紹自己公司的產品，並不時讚揚他，稱讚他修養好、有氣質、受人尊敬。

經理聽了梁小姐的稱讚，頗為得意，故作謙虛：「妳過獎了。」最後，兩個人以共舞一曲而告終。臨別時，經理握住梁小姐的手，鄭重地說：「妳是一個好女孩。」

故事裡梁小姐的拒絕方式是值得學習的。如果妳是一位女性，當受到這種人糾纏和騷擾時，不妨在談話中先對對方加以恭維，尤其要稱讚對方的修養和德高望重，這樣給他戴上一頂「高帽子」，使他囿於自己的盛名，他就不好胡作非為了。

不過，抬高對方的辦法不一定非要直接讚美，有時通過對自己的貶低來抬高對方，在拒絕別人的時候也是一種很有效的方法。

因為但凡來讓你做事的人，都相信你有能力做這個事情，所以對你抱有很高的期望。一般來說，你表現得能力越強，也就越不好拒絕對方。如果你沒有注意到這個規律，過分誇耀自己的能力，就會在無意中抬高了對方的期望，這樣就會增大你拒絕對方的難度。

所以，當意識到對方有所求時，如果你準備拒絕對方，就要適當地講一講自己的短處，這樣就降低了對方的期望，在此基礎上，抓住適當的機會多講別人的長處，這樣就能把對方求助的目標自然地轉移過去。

比如，你可以說：「兄弟，以你這樣強的能力，這件事情是小事，而對於我來說，這是實實在在的大事，實在是太難了。一方面我缺乏這方面的資源，另一方面我完全沒有接觸過這樣的事情，沒有能力做好，到時候壞了事情，反而會成為你的負擔。」這樣就不至於使對方對你產生不滿了。

你還可以這樣說：「以我的這點微薄的能力，根本做不了這樣的事情，無論是知識吸收，還是實際操作能力，都達不到要求，只會壞了您的事。大哥，您是做過大事的人，有能力，也有眼光，應該知道這個情況。」

貶低自己，抬高和稱讚對方的能力，這樣不僅能達到拒絕的目的，還能使對方因得到稱讚，由意外的驚喜所產生的欣慰心情代替原來的失望和遺憾。這是高情商人士的拒絕方法，如果你把握得好，完全可以做到讓被拒絕的人笑著離開。

> **暖心智慧**
>
> 如果你打算拒絕他人，就不要誇耀自己，以免讓人對你抱有很高的期望。假如你給了對方很高的期望，之後又拒絕對方，這樣的傷害是巨大的。所以，要努力降低對方對你的期望值，這樣你拒絕對方時才會容易很多。

風趣說「不」，一點也不尷尬

拒絕令人遺憾，但又無法回避，因為生活中總是需要拒絕他人。所以，我們只能盡量讓拒絕的話語說得更加好聽。如果我們能夠充分發揮幽默感，在談笑之間對別人說「不」，不僅能使氣氛輕鬆，還能順利達到拒絕的目的，這對雙方來說都是最好的結果。

這也是高情商人士常用的拒絕方法。用幽默、風趣的語言含蓄地拒絕別人的某種要求，既能顯出自己的機敏、睿智和大度，又能有效地避免對方陷入尷尬和難堪的境地，讓對方愉快地接受。

國學大師錢鍾書最怕被宣傳，更不願在報刊上露臉。一次，一位外國讀者讀過錢鍾書的《圍城》後，打電話給他，說很想拜見他。

錢鍾書先生一向淡泊名利，不慕虛榮。他在電話中婉拒道：「假如你吃了一個雞蛋覺得不錯，何必一定要去找下這個雞蛋的母雞呢！」

錢鍾書以其特有的幽默和機智，運用新穎、別致而又生動、形象的比喻，拒絕了那位讀者的請求，既維護了那位讀者的自尊，又避免了不必要的麻煩。

用幽默的語言拒絕對方提出的自己難以接受的要求，不僅能夠保全別人的面子避免使對方尷尬，同時還可以營造出一種輕鬆愉快的氣氛，並且還可以顯出豁達大度的處世風格。

有一次，芳芳在辦公室裡不小心將可樂打翻了，為了避免引來蟑螂，她連忙開始打掃清理。不過，可樂已經滲入地毯裡，清理起來十分麻煩。當時，同事圓圓正好從她身旁經過，於是她便請圓圓幫忙一起打掃。可是，這時圓圓有事分不開身，於是便說：「放心！東方蟑螂不喜歡西方速食。妳先大致打掃一下，等我忙完這件事情就來幫妳。」

一句話說得芳芳笑了起來，毫不介意圓圓對自己的拒絕，開始自己清理起地面。等圓圓忙完的時候，芳芳早已經將地毯清理乾淨了。

正是因為圓圓的幽默，輕鬆地化解了芳芳被拒絕的尷尬。如果圓圓很制式地說：

「不好意思，我正在忙，分不開身。」芳芳心裡可能會覺得不舒服，認為她連這點小忙都不肯幫，太不夠意思，對她的好感也會降低不少。

在人際交流中，幽默也是智慧的象徵，善用幽默拒絕者，既能給別人一種親近感，也能給對方留足面子，從而使自己掌握主動，進退自如，使交際雙方都免受尷尬之苦。

在職場中，同事的關係尤其敏感。如果拒絕的態度不當，在一些非原則性的小事上過於嚴厲，自然會讓對方心中極度不快，進而可能產生怨懟心理。對於每天都要見面的人來說，如果關係鬧僵了，就會對自己的工作產生某種程度的不良影響。因此，在職場上，拒絕他人的同時，更應當盡量照顧對方的情緒，在讓他明白自己態度的同時，也要避免傷害對方的面子和自尊。

有一位上司看上了一位漂亮的女下屬，有一天，他便以加班的名義將她留在了辦公室。上司：「寧小姐，妳知道嗎？我已經喜歡妳很久了。」

寧小姐：「是嗎，您喜歡我什麼呢？」

上司：「喜歡妳的一切。」

寧小姐：「哦？我的一切？也包括我的丈夫和孩子嗎？」

寧小姐的應答看似是輕鬆的調侃，實則是義正詞嚴地拒絕了上司的示愛。可見幽默的拒絕是一種高明的拒絕技巧。

拒絕別人自然是為了自己的利益考慮，但在維護自己利益的同時，也應該盡量照顧對方的情緒，盡量避免傷害對方的面子和感情。因此，當我們遇到不得不拒絕別人的情況時，適度地發揮幽默的作用很有必要。

因此，當周圍的人請求你做某些事情，而你因為自身或者其他原因不能幫忙時，不妨嘗試用幽默的方式拒絕別人，讓對方愉快地接受，這樣也不會對你們之間的友誼產生不良的影響。

暖心智慧

幽默的語言可以調節氣氛，還能讓對方在笑過之後得到深刻的啟示。在拒絕別人時，如果能恰當地加入一些幽默元素，氣氛就會立即輕鬆起來，雙方都不會感到有壓力，而拒絕帶來的傷害也會降到最低。毫無疑問，這樣做是一種高情商的表現。

找個人替自己說「不」

當你知道直接拒絕可能得罪他人，卻沒有間接的拒絕理由時，有一個很不錯的做法：找一個與問題不直接相關的人來替你說「不」。比如，可以說「我的朋友說……」「我的同事說……」其實這些所謂的「朋友」、「同事」可能是根本不存在的人。

這是一種高情商的拒絕方式，很大程度上消除了人們的心理障礙，而使問題得以順利解決。不要覺得這個方法有多麼難，其實生活中有許多女孩就用這個方法來拒絕男孩的邀約：「我爸說……」「我媽說……」女孩們的情商似乎天生就是這麼高，那些男孩就這樣十分輕易地相信了。

有位龍小姐為人和善，拒絕他人時常採用讓人感到舒服的方式。每當推銷員找上門來，她都彬彬有禮但態度堅決地說：「謝謝你來推銷，但是我丈夫不讓我在家門口買任何東西。請你理解我這個做妻子的難處。」這樣，推銷員就知道她肯定不會買他的商品，而且被拒絕的推銷員並不只她一個顧客，因此也就不會再在她身上費時間推銷下去。

找替自己說「不」的人，要注意最好找比較權威的人。對於生活中的有些人和事，只有從比較權威的人口中說出的「不」才能鎮得住。

當然，這一招也不能亂用，而且最好是用來拒絕陌生人或者不是很熟悉的人，比如某個推銷員或者剛認識的一個還不清楚底細的朋友。如果是很熟悉的知根知底的朋友，你也借別人的嘴巴來拒絕，讓朋友知道了，就會覺得你做作、不真誠，從而對你的印象大打折扣。畢竟大家都不願意跟為人很假又做作的人相處。

找個人替自己說「不」，以別人的身分表達拒絕之意，這種方法看似是在推卸責任，卻很容易被人理解：既然愛莫能助，也就不便勉強。

還有一種人可以幫助我們說「不」，那就是專家。專家代表權威，具有天然的說服力，當你打算拒絕某人時，可以搬出專家的話來，比如，「某某專家說過，像我這樣的情況，最好不要……否則會……這可是這個領域最新的研究結果。」

這類人物其實不僅包括專家，還有明星、名人，甚至可以不是人，如神秘的教條、信仰、某種疾病等，都可以幫助我們說「不」。

總而言之，拒絕沒有那麼難，必要時虛構一個「背後的 leader」，把自己的意願歸到他身上，適當地弱化自己的地位，表現出對決策的無權控制，拒絕效果就會立竿見影。

”暖心智慧

當你在交際中遇到那些不能以自己之口直接說「不」的問題時，最好借別人之口說出來，這樣既能維護你的自身形象，也能取得良好的辦事效果。

你需要一個好的理由

遭遇拒絕時，你會胡亂猜想：自己是不是哪裡做得不好？如果不是，那就是對方瞧不上自己。而且，被拒絕之後，你的心情會不好，胡思亂想、猜疑和誤會便應運而生。

將心比心，假如你拒絕了別人，別人的心理也是這樣的。這個時候，你就要幫助他疏導心裡的怨氣。如果你能夠做出解釋，找一個好理由，對方的怨氣就會少很多。

懂得為拒絕找一個好理由，這是一種高情商的表現。不過，在尋找理由的時候，一定要注意下面幾個問題：

第一，從客觀角度或個人價值觀入手。例如：「我知道這件事情，但是就目前我所掌握的資源來看，我根本無法應付它，所以我不能接受。」「我不能接受，這有違我做事的原則和方法，你是瞭解我的，這樣的事情我不能做，也做不來，希望你能夠理解我，支持我的選擇。」

第二，講述的理由要盡量具體一些。即便是「工作太忙，沒時間」，也不妨描述一下自己忙的情況和心理感受，越具體越好，例如：「我現在忙得昏天黑地的，根本沒有時間啊，這不，明天還要去廣州出一趟差，恐怕沒辦法幫你了。」「我今天約了××談業務上的事，然後要帶他去施工現場看看，大概要很晚才能回來。」理由陳述得越具體，才會越真實，聽起來也更令人信服，說服力自然也就越強。

第三，理由不在於多，一個有說服力的就夠。理由太多，會讓人覺得假，讓人覺得你是在為了拒絕而拒絕，反而會讓對方覺得你心虛、做作，從而降低了理由的說服力。

第四，最好不要瞎編理由。無論你怎麼編，謊話即使說到天花亂墜，也仍然是謊話，依然無法掩蓋其中的某些破綻。特別是拒絕熟人時，謊言太容易穿幫，一旦穿幫，就尷尬了。

在實際操作中，比較常用的理由有以下幾個：

第一，用「制度」做藉口。有位普通職員要求漲工資，上司拒絕道：「根據本公司的職務工資制度，你的工資已經是你這一檔中最高的了。」當你用制度規定來拒絕他人時，他人往往無法反駁。

第二，以「別人」為藉口。「我做不了這個主」、「這件事不是我負責，我沒有權限」、「我們主管希望由他親自過目，不好意思，我做不了主」等，都是以他人為藉口。以自己無權做主來拒絕，表示的是一種無奈。

第三，用急事做理由。比如，「這次實在是不好意思了，我有急事。下次你再需要幫忙的時候，提前和我打一聲招呼，我一定盡力幫忙。」這樣不但可以讓自己成功地脫身，而且不會損傷彼此之間的友誼。

第四，開會是個好理由。開會確實是很好的拒絕理由，但是這個理由不能常用，用多了，也會消磨彼此的感情。除非你希望結束這段感情，否則這個理由盡量少用。

第五，身體不適的理由。身體不適，也許是最好的拒絕理由，當然也是被人用得最多的理由。有道是「身體是革命的本錢」，你要是身體差，這是無可奈何的事情，沒人能夠勉強你去拚命。

除了以上幾個常見的理由之外，日常生活中還有許許多多的其他理由，我們若能根據實際情況靈活運用這些理由，巧妙拒絕他人並非難事。

> **暖心智慧**
>
> 有的人拒絕別人的時候，從沒想過找理由，而是認為已經拒絕了對方，講再多的理由都沒有用。這是不對的。不找理由是一種信念，但不是一種好的做法。因為一個充分的理由，不僅能夠使你的拒絕更加完美，也能給人心理補償，並幫助對方化解怨氣，使他心裡舒服一些，也更願意接受這個「不」字。

第八章

處事靈活，言語溫暖不冷場

每個人都有遇到尷尬、出現失誤的時候，尤其是在人多的場合犯錯，面子上會更加過不去。這時候，如果你能及時站出來補救，替對方圓場，巧妙解圍，保全其顏面，便能贏得對方的好感，在人際交往中取得良好的效果。

慧心識方圓，化干戈為玉帛

有人對慣打圓場的人不以為然，甚至心存厭惡，認為那些圓場是耍滑頭、和稀泥，這是不對的。善於圓場的人，能夠整合周遭環境各種迥然不同的事物，不僅能夠調解組織內的紛爭，維持組織的穩定團結，還能夠勸合一個分裂的家庭，彌合朋友之間的嫌隙，往往有著搭起人與人之間溝通橋梁的重要作用。

善於打圓場，實為情商高的表現。換句話說，一個人不懂得打圓場，便不能算高情商。打圓場，可以幫助別人解除尷尬，消除不良的情緒。在當事人十分懊惱或不快的時候，有時旁人說幾句得體的話，便能夠消除矛盾，使得雲開霧散、結局圓滿。

清朝名臣張之洞任湖北總督時，適逢新春佳節，撫軍譚繼詢為了討好張之洞，設宴招待他，不料席間譚繼詢與張之洞因長江的寬度爭論不休。譚繼詢說五里三，張之洞認為是七里三，二人各持己見，互不相讓。

眼見氣氛緊張，誰也不敢出來相勸。這時位列末座的江夏知縣陳樹屏說：「水漲七里三，水落五里三，兩位大人說得都對。」這句話給兩個人解了圍，他們拍手大笑，並賞陳樹屏二十錠紋銀。

陳樹屏雖是一名下屬，卻能夠調解上司的糾紛，情商之高令人讚嘆，其巧妙且得體的言辭，既解了圍，又使雙方都有面子。他的說話方法就充分考慮了聽者的心理。善於打圓場的高情商人士都具有敏銳的情緒感知能力。

他們能夠一下子感受到當場的尷尬氛圍，然後迅速找到一句適合的話語，讓人轉嗔為喜，轉冷場為熱烈。

打圓場的目的通常是調解糾紛，化解矛盾，避免尷尬，打破僵局。但打圓場也是有技巧的，運用得好可以消除誤會，緩和尷尬的氣氛，還有利於問題的解決；運用得不好就是火上澆油，落得個豬八戒照鏡子——裡外不是人的下場。可以說，每一個善於打圓場的人，都是處世功底深厚的人，情商都不低。

所以，千萬不要小瞧那些善於打圓場之人的作用。

須知，每個人都有遇到尷尬、出現失誤的時候，尤其是在人多的場合犯錯，面子上自然過不去。這時候，如果你能及時站出來「補台」，也就是替對方打圓場，巧妙地化險為夷、化拙為巧，保全其顏面，那麼就會贏得對方的好感，在人際交往中取得良好的效果。

暖心智慧

善於圓場，是情商高的表現，也是富於智慧的結果。掌握打圓場的技巧，不僅可以快速消除彼此的誤會、矛盾以及尷尬的氣氛，還能締造和諧與平衡的人際關係。可以這麼說，那些打圓場的高手，皆是化腐朽為神奇之輩。

沒有尷尬，只會圓滿

成功地圓場，能讓一方擺脫尷尬，一方轉怨為喜，最終皆大歡喜。當然，要圓滿地解決矛盾，還需要機智靈活、隨機應變，不僅要說得巧妙，更要說得得體。而要做到這樣，就需要瞭解一些規律。

生活中的任何事情都包含著兩重性，其中的對與錯、利與弊是相對的。辯證地看待問題，得體地揚長避短，是打圓場的一個技巧。當你掌握了這個規律後，在任何不好的情況下，你都能看到好的一面，這就是打圓場的入手之處。

有個村莊的理髮師，年紀大了，準備找個接班人，繼續為村民服務，於是便收了一個徒弟。這個徒弟很認真，學習了三個月，便接了師傅的班，信心十足地上崗了。

第一位顧客來了，他規規矩矩地接待了，然後認認真真地理完了髮。他感覺自己理得還不錯，但是沒有想到的是，顧客照了照鏡子，卻說：「頭髮留得太長了。」

這句話讓小徒弟有些不知所措。

這個時候，邊上的師傅笑著說道：「頭髮長好，讓您看上去更加含蓄，這叫藏而不露，很符合您的身分。」那位顧客的臉色本來不太好，聽了老師傅的話，頓時笑了起來，高高興興地走了。

小徒弟給第二位顧客理完髮，心裡就有點忐忑了。果然，這位顧客照了照鏡子，說：「頭髮剪得有些短。」小徒弟有心辯解幾句，但又怕引發爭執。

這時，邊上的師傅又說話了：「頭髮短好，顯得您精神，這個形象看起來更樸實、厚道，讓人感到親切。」顧客轉怒為喜，點頭走了。

收拾起沮喪的心情，小徒弟接待了第三位理髮的客人。這次，顧客倒沒有挑剔，只是最後笑著對他說：「花的時間挺長的。」小徒弟一下子就聽出顧客的不滿意，心裡很委屈地想：還不是為了給你剪得好一點！但是這樣的話，他不能說出來。

旁邊的師傅再次開口解圍：「為大人物理髮，自然要多花點時間。」顧客聽罷，大笑而去。

吸取了上一次的教訓後，小徒弟為第四位顧客理髮的速度加快了。然而，讓他沒有想到的是，這位顧客一邊付款一邊說：「動作挺利索，十分鐘不到，就解決問題了。」言下之意似乎懷疑小徒弟不夠認真。

小徒弟無語了。

師傅笑道：「時間就是金錢，如今這個時代，講求的就是『速戰速決』，我們理髮店也要與時俱進，幫助客人贏得時間。」顧客聽了，點頭贊同，欣然告辭。

晚上下班，小徒弟不解地問老闆：「師博，是不是我的手藝還沒有學到家呀？為什麼每次都讓顧客不滿意？要不是您在旁邊為我說話，我今天說不定就會和顧客吵起來了。」

師傅笑道：「做我們這一行，顧客就是上帝。遇到挑剔的顧客也很正常，我們要學會隨時解決這些問題，而解決這些問題的關鍵，就是會說話，會說顧客喜歡聽的話。每個人都愛聽好話，你把話說好了，顧客提出的所有問題，也就迎刃而解了。你的理髮技術是合格的，現在你要學習的是說話的技術，你明白嗎？」

小徒弟仔細想了想，立刻明白了其中的道理。從此，他學習更加刻苦了，說話的技術和理髮的技藝也越來越精湛。

故事中，面對顧客的挑剔，小徒弟總是無言以對，因為在他看來，自己確實沒有滿足顧客的要求。但是老師傅出馬，幾句話就把場面圓了過去，輕描淡寫地抹去顧客的不快，讓顧客開懷離開。

這位師傅真是能說會道，他巧妙地利用人們愛聽吉祥話的心理，針對顧客不同的抱怨，機智靈活地使用不同的幽默話語來打圓場，引領對方換個視角去看待問題，對方欣喜而去也就是很自然的結果了。

暖心智慧

有壞就必定有好，有弊就必定有利。事物沒有單純的壞，當你發現交談中出現了不好的事情時，完全可以通過這樣的規律，找出適合的吉祥話，來化解不好的事情帶來的尷尬氛圍。這不僅是圓場智慧，也是實實在在的人生智慧。

活躍氣氛，主動搭話不尷尬

交談的時候，常會遭遇冷場，這時很多人就不知道該如何開口了，尤其是當談話的對象是不怎麼熟悉的人，或是對方屬於沉默寡言的人時，談話更容易陷入僵局。若是不及時化解，便會影響彼此的關係。有句古話說：「酒逢知己千杯少，話不投機半句多。」不論是你，還是對方，一旦話不投機，心裡就會有一個疙瘩，覺得彼此不對路。

遇到這樣的情況，該怎麼辦？活躍氣氛是必需的。高情商人士這時會選擇主動搭話，打破僵局，化解尷尬氣氛。例如，在參加宴會時，幾個不認識的人坐在一起，難免會讓氣氛有點尷尬。如果有人能主動打開話匣子，不但能活躍氣氛，使宴會更添幾分妙趣，而且能拉近彼此的距離，說不定還能成就一筆生意。有很多推銷員就是利用這種宴會結交朋友和促成交易的。

在選擇話題方面，如果不太熟悉彼此的情況，也不瞭解對方的愛好，可以聊聊天氣、當天的新聞、個人的興趣愛好之類的話題，之後再尋找雙方的共同點，切入其他的主題。

天氣永遠是打開交談局面不可或缺和絕對安全的話題，尤其是在你對交談對象毫無瞭解的情況下。如「這段時間為什麼老是下雨？」、「天氣總這樣熱，真有點讓人受不了」等等。每天發生的各種新聞也能為我們提供豐富的話題素材。

小孩和寵物也是很好的話題，因為絕大多數人都是喜歡小孩和動物的，而且許多人自己就有孩子或飼養寵物。一旦你得知你面前的那個人有小孩或者養了寵物，你便可以用小孩或小動物的話題跟他極為輕鬆愉快地交談起來。

中國人的傳統話題也可以派上用場。比如，「您老家在哪裡？」「您貴姓？」等。這類問話基本上不會讓人覺得失禮、唐突；然後，就可以沿著這條線索展開談話。

當然，打開話題的最好方法還是談論對方熟悉的東西，因此需要事先瞭解對方的職業、地位、人品，在某種程度上做一些事前的調查，如此，即使是初次見面，也能夠配合對方的話題發揮。

如果你有機會到某人家中或辦公室，那室內的一些陳設或紀念品可能會使主人津津樂道。很多人會在牆壁或桌子上擺放照片，照片上顯示的背景便為我們提供了打開話題的素材，我們可以詢問主人外出旅行的經歷。還有牆上的掛畫，我們可以向主人表示對這些畫的興趣。

和對方聊一些自己的私事，也是和陌生人拉近距離的一個很好的方法。因為每個人在告訴別人自己的私事時，就等於在向對方敞開心扉。例如：「我喜歡釣魚，您有什麼愛好呢？」

像這樣率先向對方「表白」自己之後，對方就會樂於談談自己的情況。如果對自己的事一概不談，只一味地刺探對方的底：「你家住哪裡？假日都做些什麼？有幾個小孩？」這會讓人感覺像在被警察審訊一樣，進而對你產生排斥心理，自然懶得和你說話，當然，也就無法繼續以後的談話。

如果談話雙方擁有共同的興趣，話題就可以圍繞這種興趣展開。例如，如果知道對方對釣魚有興趣，則不妨向對方請教：「你經常去哪裡釣魚？」「哪種魚餌是最有效的？」

人們在談到自己的經驗時，一定會滿面春風。因此，對於這類問題，對方一般會很樂意傳授心得、經驗，你也可以趁機拉近與對方的距離。

另外，在社交場合中，要考慮少數派的感受。比如，如果一場聚會，你們有十人，哪怕九個人都是老鄉，你們也最好都不要講方言，因為另外一個人會因聽不懂而感到非常尷尬。如果你們有十個人，哪怕九個都是同事或同學，你們也不要只講你們公司或者你們上班的事，否則另一個人會很孤單。照顧一下少數派，講一些他也能參與的話題，讓他不要感覺被忽略。這也是高情商的表現。

總之，遇到冷場的情況，要主動尋找話題。若不能主動尋找話題，就很容易造成尷尬的場面。特別是不太熟悉的一對男女待在一起時，若沒有人主動攀談，尋找話題，冷場的概率就會非常大。

”

暖心智慧

高情商的談話者，會率先拋出話題，打破僵局，化解尷尬。遇到冷場，哪怕是沒話找話說，也會使人感受到你的熱情。而且，某種程度上，沒話找話說，也是一種有禮貌的表現。

圓場不是討好，而是尊重

有的人認為打圓場就是要學會討好別人，這種認識和出發點是錯誤的。記住，圓場不是圓滑，打圓場的出發點，是維護他人的尊嚴。

如果你想獲得他人的尊重，讓彼此的關係更融洽、自然，就要懂得照顧他人的感受，在對方遇到尷尬的時候，要能想方設法幫人圓場，維護好對方的尊嚴。當你懂得圓場的這一層意思時，你的表達就不會低俗。否則，就很容易降低你的品格。因為將打圓場誤認為討好，就會走向沒有底線地奉承諂媚。這樣的人不會得到別人的尊重。

清朝「揚州八怪」之一的金農，一次應邀到朋友家做客。

席間，東道主微酣而興起，信口吟道：

「柳絮飛來片片紅。」

話音剛落，四座譁然，「柳絮豈有紅色之理？」主人一時語塞，面紅耳赤。

此時，金農霍然站起，應聲辯道：

「此乃古人吟詠廿四橋之佳句，一點也不錯！」

緊接著一詩脫口而出：

「廿四橋邊廿四風，憑欄猶自憶江東。夕陽返照桃花渡，柳絮飛來片片紅。」

此非古詩，實乃金農巧補妙轉，令詩理絕處逢生，又增添了新意，終於為主人解了圍。眾賓客聽罷，佩服得五體投地。

維護別人的顏面，尊重他人，這是基本的為人之道，會讓你的人際關係更加和諧，也能讓社會少一些矛盾衝突，多一些和氣。

面對一位三十多歲的女人，你說她看上去只有二十多歲；面對一位六十多歲的老人，你說他看上去只有四、五十歲。這種「美麗的錯誤」，對方是不會認為你缺乏眼力，對你反感的，相反，還會對你產生好感，形成心理上的相容。如此，你又何樂而不為呢？

而且，這樣做能夠讓人獲得美好的心情，又沒有任何妨害他人之處。這樣的「美麗的錯誤」與「無害的陰謀」，我們多說一些又何妨呢？

場面上的事情，總是要做得妥貼一點，光彩一點。這是對別人的一種尊重。你希望別人怎樣對待你，你就應該怎樣對待別人。當你維護別人的尊嚴時，別人也會在意你的尊嚴。照顧他人的尊嚴，不忽略他人的感受，能於不動聲色中，幫助他人擺脫窘境。這樣的人又怎麼可能不得人心呢？

暖心智慧

討好別人就等於把自己的臉送給別人踩，會喪失自己的尊嚴；而為人打圓場則是維護他人的尊嚴，在尊重自己的基礎上尊重他人。只有尊重自己，你對別人的尊重才有價值，才有分量。如果你是一個沒有尊嚴、沒有骨頭的人，那麼你對人再討好，別人也不會認為這是可貴的尊重。

委婉地提醒，避免針鋒相對

無論是生活中，還是工作中，有的時候你知道是對方做錯了，當然可以指出他的錯誤，但是話如何說，才能避免引發一場口舌之爭，就要看你的說話水平了。

如果是因為沒有講究說話方式而造成跟同事、家人、朋友之間關係的緊張，就要考慮自我調整。很多時候，你只要轉換一下表達方式，將刺耳的「多管閒事」轉換成善意的提醒，效果就會好很多。

有些人看不慣他人的行為，就不假思索地指出來，這是一種欠考慮的行為。特別是在與同事相處時，如果總是對別人的行為挑三揀四，那就很容易被同事們孤立。

所以，要想有好人緣，就需要你有一顆包容的心，能夠說幾句軟話解決，而不要針鋒相對地爭執。將刺耳的言辭轉化成溫和善意的提醒，這是高情商的做法。

一位顧客在商場買了一件外套，五天後卻拿著衣服返回商場要求退貨。其實，那件衣服她已經穿過一次並且洗過，可她堅持說「絕對沒有穿過」，態度也很不友善。

售貨員檢查了那件衣服，發現有明顯的乾洗過的痕跡。但是，如果直截了當地向顧客說明這一點，顧客是絕不會輕易承認的，因為她已經說過「絕對沒穿過」，而且精心地偽裝過。再者，如果直接說破，也會讓她感到沒有面子，進而引發雙方的爭執。

於是，聰明又善解人意的售貨員繞了個彎子，說了段軟話：

「這位顧客，我知道您說的是實話，可是有可能是您的家人誤把這件衣服送去乾洗店洗過，因為這件衣服的確看得出已經被洗過了。您如果不信，可以跟店裡同款的其他衣服比一比。前幾天我家就發生過一件這樣的事。我把一件剛買的衣服和其他衣服堆在一起，結果我老公沒注意，把那件新衣服和一堆髒衣服一股腦地塞進了洗衣機。我覺得可能您也遇到了同樣的事情。」

顧客看了看證據，知道無可辯駁，加上售貨員又為她的錯誤準備了藉口，給了她一個台階下，於是她就順水推舟，收起衣服走了。

故事裡的售貨員沒有直接反駁那位顧客，而是通過一番善意的提醒，給了那位耍賴的顧客一個台階。現實中，人們普遍存在著吃軟不吃硬的心態。特別是性格剛烈的人，如果你說話太硬，他可能比你還硬，如果你來軟的，他反倒會於心不忍，也就有話好好說了。

這種委婉的話，威力可見一斑，那麼這樣的話是不是多多益善呢？當然不是。善意的提醒要會說，說得恰如其分，才能發揮作用，令人心悅誠服。

首先，要把握好程度。

善意的提醒雖然委婉，但仍要含蓄地指出對方的錯誤，同時還要照顧對方的面子。如果分寸把握不當，不但會給人留下不好的印象，而且會使對方很難堪。

其次，要內含道理。

很多時候，你要想勸服人，委婉的話的效果要比直接的話的效果好很多。然而，委婉的話並不是低三下四地哀求，而是一種鬥智，是一種心理交鋒，通過溫柔的語言啟發、開導，並使對方認同你的觀點。

會說委婉的話，能夠善意的提醒，體現出的是一個人的極高素養。在正常情況下，人的度量大小是很難表現出來的，而在面對一些讓自己感覺不舒服的人或事時，仍能用平和的語氣、得體的語言表達自己的不滿的人，他的寬容大度一下子就體現出來了，並且還有可能會讓對方口服心服，真正化干戈為玉帛。

暖心智慧

僵局、爭執和衝突，有的時候就是因為說話過於直白，挑破了一些顯而易見的謊言，傷了對方的面子，結果激發對方走上破罐子破摔之路。假如你能夠委婉說話，善意提醒，看破而不說破，維護對方的面子，這樣不僅可以避免衝突，還能很好地解決問題。

第九章

幽默暖心，樂得好人緣

生活中有幽默，才會更有味道。
著名作家王蒙說：「幽默是一種
酸、甜、苦、鹹、辣混合的味道。
它的味道似乎沒有痛苦和狂歡強烈，
但應該比痛苦和狂歡還耐嚼。」
幽默不僅能緩解緊張的氣氛，
讓人感到舒服和溫暖，
還能化解一些棘手的問題。

學會幽默，成為製造快樂的人

在當今的社會中，幽默的人往往是受歡迎的，他們是社交的寵兒。幽默如同一座橋梁，可以迅速拉近人與人之間的距離，填平人與人之間的鴻溝。學會幽默，不僅能潤滑人際關係，還能化解生活和工作中的很多難題。

美國第十六任總統亞伯拉罕．林肯是一個幽默的人，他舉辦過一場讓人津津樂道的演講。

策劃者在那場演講中安排了一小段時間進行自由提問，讓聽眾把問題寫在紙條上遞給林肯，由他念出來後再予以回答。當打開最後一張紙條時，林肯發現上面竟然只有兩個字——傻瓜。

林肯略微一怔，還是微笑著將這兩個字公之於眾。台上、台下頓時議論紛紛，暗自揣測一向以親民著稱的林肯將怎麼收場。只見林肯不緊不慢地接著說道：

「本人收到過許多匿名信，全部都只有正文沒有署名；今天卻恰恰相反，這一張紙條上只有署名，而缺少正文！」

林肯的坦誠與幽默感令人折服，聽眾席上響起了熱烈的掌聲。

面對這樣一張挑釁的紙條，林肯沒有暴跳如雷，而是用一個小小的反諷幽默將自己的機智和從容展現在人們面前。同時，他也借助這個幽默把快樂帶給了自己的支持者。能帶來歡樂的人當然更容易得到大家的喜愛和認同。這就是小小幽默所產生的強大的影響力。

在人際交往的過程中，幽默發揮著不可替代的作用，它不但能給人以良好的第一印象，還能贏得對方的好感和友誼。

風趣幽默之人，讓人快樂，根本不用費心思主動搭訕，就能夠把陌生人吸引到他的身邊。這種變被動為主動的本事，就是依靠幽默獲得的。

幽默風趣的談吐，不僅給他人留下了美好的回憶，也為自己下一次同對方交流創造了機會。

更為重要的是，幽默可以幫助我們消除隔閡，化解矛盾。

阿雅和小玲是多年的同事，兩人隔桌而坐，情同姊妹，彼此有著良好的默契。但儘管如此，有時也難免發生衝突。

有一次，為了處理上司交代的項目，兩個人有不同的意見，在無法協調的情況下，她們居然發生了嚴重的口角，後來彼此冷戰，形同陌路。

到了第五天，阿雅實在忍受不了這樣的工作氣氛，為了打破僵局，於是趁小玲也在座位時，她就翻箱倒櫃，把辦公桌的抽屜全部打開來東翻西找。

後來，小玲終於開口說話：

「喂，妳把所有抽屜打開，到底在找什麼？」

阿雅看看小玲，幽默地說：「我在找妳的嘴巴和聲音啦！妳一直不跟我說話，我都快活不下去啦！」

兩個人噗哧一笑，重歸於好。

在與陌生人交流時，適當地幽默一下，不僅可以迅速降低雙方的陌生感，緩解緊張的情緒，活躍交談的氣氛，還能迅速拉近雙方之間的距離，增進雙方的感情。

每個人都喜歡幽默有趣的人，尤其是在這個生活節奏很快、壓力巨大的年代，人人都喜歡「開心果」。假如你是個能夠為大家帶來快樂的人，那你在世界的任何一個角落都會受到歡迎。

暖心智慧

生活中的每一顆「開心果」，都是高情商的結果。沒有極高的情商，就不會有逗人的幽默。如果你的情商不高，不能體察他人的情緒，不能控制自己的情緒，又如何能夠運用隻言片語帶動歡樂的情緒呢？

黑自己，讓你更接地氣

幽默是人類智慧的結晶，是一種機智巧妙的語言藝術。幽默往往蘊藏著深刻的意義，給人們有益的啟迪。許多名人善於以幽默的言辭自嘲，表現自己的坦誠與風度。

美國前總統林肯長得不帥氣，黑黑瘦瘦的，還有一大把鬈曲的鬍子。但他從不避諱自己的相貌，而是常以此自嘲。

有一次，有人邀請林肯到一個會議上發言，林肯不好意思直接拒絕，他就講了一個關於自己的小故事：

「有一天，我在路上遇見一位婦人，她仔細看了我很久，然後對我說，先生，你是我見過的最醜的男人了。我覺得很無奈，畢竟這不是我所能決定的事情。於是我就問她，那麼夫人，妳有什麼建議嗎？那位婦人想了很久，告訴我一個辦法，她說，那你總可以待在家裡吧？」

講完故事，邀請他發言的人愣怔片刻，隨之不禁大笑。

還有一次，有人指控林肯說一套做一套，完全是個有兩張臉的人。林肯回應說：「大家說說看，如果我有另一張臉，我會帶這張醜臉來見大家嗎？」林肯的話逗得大家哄堂大笑。

幽默自嘲，是一種樂觀的表達方式，代表了一種精神。當你敢於自嘲時，說明你擁有豁達的心胸，而且自嘲代表了低姿態，使你更接地氣，所以更容易得到人們的歡迎。

人們打心裡就不喜歡那些高高在上、不可一世的人，即便自高自大的行為符合他當時的身分與層次，也很難讓人心生好感，相反，對於謙虛的人總會覺得多了幾分親切感。

南非前總統曼德拉獲得了「卡馬勛章」，發表獲獎感言時，他幽默地說道：「這個講台是為總統們設立的，我這個退休老人今天上台講話，搶了總統的鏡頭，總統一定很不高興。」他的話讓大家笑了起來。

笑聲過後，曼德拉開始發言。可剛講到一半的時候，他突然發現講稿的頁次弄亂了，於是他不得不停下來整理。這件事情本來是比較尷尬的，但曼德拉並沒有太在意，他一邊整理一邊坦率直言道：「我把講稿的次序弄亂了，你們要原諒一個老人。幸好我發現了這個錯誤，否則的話，像某位總統一樣，照樣往下念，那就糟糕了。」整個會場哄堂大笑。

對於自己的一些缺點，看得清，更看得輕，這是一種智慧。生活裡，有些人對自己的缺點看得太重，常常會加以諸多掩飾，這樣很容易引起別人的好奇心、嫉妒心。你顯得越完美，就越讓人嫉妒。

既然我們不可能沒有缺點，那麼與其讓別人發現後恥笑，還不如自己痛痛快快地說出來，反而讓人感覺真誠。

自嘲不僅是經營人際關係的好辦法，更是緩解壓力、調節情緒的好藥方。從曼德拉和林肯的自嘲當中，我們都能看出他們對於自身情緒的控制能力，同時，還能體會到那種豁達樂觀的態度。

在面對錯誤的時候，曼德拉沒有手忙腳亂，而是從容不迫、淡定坦誠；在拒絕別人和被別人詰難的時候，林肯沒有尷尬得無所適從，而是從容應對。他們都選擇了幽默地自嘲，所以也都贏得了人們的尊重。

一個人不會因為一時的嘲弄而受到傷害，反而會因為自嘲的精神而令人敬佩。我們要有寬闊的胸襟與氣度，讓自己活得更加坦然，更加接地氣，而非高高在上。唯有如此，才能受到人們的歡迎。

暖心智慧

人必定有缺點，不可能完美。因此，不要把自己看得太重，也不要把自己看得太了不起。有的時候自嘲一下，調侃一下自己，把自己的缺點說出來，無傷大雅，這樣可以讓自己顯得平易近人。

帶給他人快樂，自然受人歡迎

著名關係學家拿破崙・希爾說：「如果你是一個幽默的人，那麼你便能輕而易舉地去影響你周圍的人，讓他們永遠喜歡你。」

在這個忙碌的社會中，每個人都願意和能給自己帶來快樂的人相處，能帶給別人歡笑的人通常是最受人歡迎的人，也是最有影響力的人。只要掌握了給人帶來歡樂的方法，我們就能更容易獲得人們的接受和肯定，進而成為社交場上頗具影響力的明星。

快樂，是一種態度，更是一種能力。一個情商高的人，必定是懂幽默並擁有快樂能力的人，他可以製造輕鬆愉快的交流氛圍，隨時給人一種賓至如歸的感覺。

在美國歷任總統中，美國第四十任總統隆納・威爾遜・雷根也是一個善用幽默話語活躍氣氛的人。

一次，雷根總統出訪加拿大，在一座城市發表演說。在演說的過程中，有一群舉行反美示威的人不時打斷他的演說，明顯地表現出反美情緒。雷根是做為國賓應邀到加拿大進行訪問的，而加拿大總理皮耶．杜魯道對這種無禮的舉動卻無可奈何，氣氛非常尷尬。

在這種情況下，雷根居然面帶笑容地對杜魯道說：

「這種事情在美國是經常發生的。我想這些人一定是特意從美國來到貴國的，可能他們想讓我有一種賓至如歸的感覺。」

聽了這話，尷尬的杜魯道禁不住笑了。

演講被攪局，大部分人都會覺得尷尬、窘迫，氣惱不已，雷根總統卻對此一笑置之，不僅以幽默的語言化解了尷尬的氣氛，更以豁達的態度為加拿大總理找了一個台階下。

雷根利用幽默緩和氣氛，不僅不尷尬，還能在一片祥和中拉近彼此的距離。可以說，雷根本人之所以能得到美國民眾的擁護，在很大程度上也是取決於他幽默、樂觀的處世風格。

幽默是與人建立良好關係的催化劑，能給別人帶來快樂。懂幽默的人往往更容易被大家接受、肯定和追捧。幽默就是如此有魔力，能夠時時讓一個人秀出自己最為閃耀的一面。做一個懂幽默的人，你就可以成為社交場上的交際達人。

> **暖心智慧**
>
> 快樂不僅是能力，還是競爭力。無論是自得其樂，還是帶給別人快樂，都有極重要的人生意義。即便你還不知道怎樣讓他人快樂，假如你能夠讓自己快樂起來，也是不錯的能力。因為只要你自己可以快樂，便會慢慢感染周圍的人，讓別人願意接近你，並獲得快樂。

玩笑不過分，幽默需得體

幽默是人際交往的潤滑劑，是一個人高情商的表現，它可以使人笑著面對矛盾，輕鬆化解尷尬。幽默是一種機智地處理複雜問題的應變能力，它往往比單純的說教、訓斥更容易使人開竅。

幽默能夠很好地活躍現場的氣氛，特別是尷尬時刻，恰當的幽默更像一陣清風，能吹散凝滯的空氣。但是，幽默一定要得體，否則就會適得其反，使得彼此尷尬，影響感情。

高小姐性格活潑，平時愛開玩笑，自以為幽默。

有一次，有個客戶來公司簽合同。上司簽完字以後，對方連連稱讚：「您的簽名真氣派！」

高小姐正好走進辦公室，聽到稱讚後，一陣壞笑：「能不氣派嗎？我們主管暗地裡可練了三個月呢！」

當時上司和客戶的表情都很尷尬，但她一點也沒有察覺到。不過上司也沒有因此責怪高小姐，覺得她只是一時沒有注意場合。

可沒想到又有一次，上司穿了一身新衣服來上班，灰西裝、灰襯衫、灰褲子、灰領帶。同事都沒有說話，只有高小姐大聲喊道：「哎呀，穿新衣服了？」

上司聽了，咧嘴一笑，本來挺高興的，沒想到，高小姐做了個鬼臉，捂著嘴笑道：「哈哈，您知道您穿這身衣服像什麼動物嗎？像隻灰老鼠！」

自此，上司見到高小姐就沒有好臉色了，後來找了一個理由，將她調離了本組，算是眼不見為淨。

幽默不得體、沒有分寸，是一個人情商低的表現。須知，有些玩笑是不能亂開的。就像故事裡的高小姐，自以為幽默，實際上是缺心眼。

同樣一句玩笑話，你認為是幽默，覺得沒有什麼。然而，你的朋友可能就會認為你是在侮辱他，不尊重他。這是很嚴重的問題。正所謂「說者無心，聽者有意」，平時不管跟誰開玩笑，我們都要有意識地多提醒自己注意分寸，話說出口之前先想一想是否合適。

另外，有的人自恃跟朋友相熟，關係很好，開玩笑便沒有顧忌，卻沒有想到玩笑過了頭，不是幽默，而是諷刺。如果朋友能夠包容，那是你的福氣；如果朋友疏遠你，只能怪你口無遮攔，不懂得尊重他人。

還有，幽默是美麗神奇而高雅的，具有一定的品位和格調。假如你的所謂幽默使用了一些庸俗不堪的語言，同樣是不得體的，不但會影響自己在別人心目中的形象，而且可能會造成雙方的矛盾。

總而言之，在與人幽默的時候，一定要謹記，幽默跟搞怪惡整、低級趣味有著本質上的不同，若你真的想要成為一個高情商的說話高手，就要遠離那些庸俗的笑話。

暖心智慧

幽默是一種健康向上的品質，對一個人的心理影響很大。但不要將低俗當有趣，也不要隨意開別人的玩笑，那不是幽默。一個說話暖心的人，會把握玩笑的分寸，也只有得體的玩笑才能帶來健康的人生。

第十章

忠言不逆耳，讓對方挨批也願意

批評，在許多人眼中並不是好事，
面對批評很少有人會覺得舒服。
事實上，絕大多數人對批評的印象
還停留在一句老話中：
「良藥苦口，忠言逆耳。」
但實際上現在許多良藥未必苦口，
忠言也是如此，完全可以不逆耳。
其實，只要多花點心思，
批評的話完全可以很動聽，
讓人更加容易接受。

怒而責之，不如婉言勸之

批評使人心生戒備，並為自己的錯誤而辯護；它常常傷害一個人寶貴的自尊，傷害一個人的自重感，並激起他的反抗；它所帶來的羞憤，常常使你的夥伴、親人和同事的情緒大為低落。在你的批評、責備之語脫口而出之前，一定要三思，因為批評和指責永遠無法達到我們所要的目標，批評的效果遠不如耐心地、心平氣和地點撥。

我們可以設想一下這樣的場景：假設你坐在出租車上，開車的是一個年輕人，他一隻手伸出車外，一隻手握著方向盤，把車開得飛快，這時你是否應勸一勸他？

如果不勸，恐怕你要一直提心吊膽到下車。雖說年輕人開車技術滿熟練，可是誰能保證這種「走鋼絲」式的開車法不出點意外呢？如果勸，兩人只是一面之交，你怎麼開口？

有位老婦人是這樣說的：

「年輕人，這個地方是不是經常下雨呀？」

「可不是，『春天後母心——說變就變』哪！」

「你把手拿進來怎麼樣？如果天下雨，我會告訴你的。你單手開車太危險啦。」

年輕人笑了起來，頑皮地說：「老奶奶，您不用擔心，我會注意的。」說著，他就把手拿了進來。

細想一下，你就會發現老婦人的話精妙在哪裡。年輕人把手伸到車外，絕不是為了試試是否下雨，而是一種壞習慣。這一點老人心裡自然是明白的。但是，如果簡單直接地指出這是一種壞習慣，這個年輕人就可能會產生對應情緒。

這位老人看來是深明此理，她知其非但不言其非，而是故意往好的方面誤解。這種誤解一方面能給對方留面子，消除情緒上的對立；另一方面，又能以誤會製造出笑料，使之產生出幽默的效果。這種幽默可稱「誤而勸之」。

有位作家到美國訪問，一位美國朋友帶著兒子來看他。就在作家與朋友愉快地談話的時候，朋友那頑皮的兒子爬到了作家的床上，並在上面蹦跳起來。

作家想請他下來，轉念一想：如果直接提醒，必定會使孩子的父親產生歉意，同時也顯得自己不夠熱情。於是，作家就說了這樣一句話：「請讓你的兒子回到地球上來吧！」

那位朋友聽後，連忙說：「好，我和他商量商量。」

上面兩例中老人和作家的說話方式，都是委婉、含蓄的，屬於提醒式的，它們的效果遠勝過直接批評。須知，批評不是洩憤，不能亂來，若你批評的目的是讓對方改正錯誤，那麼你就應該想辦法，讓對方更願意接受你，而不是更討厭你。以下方法可供參考：

一、對人懷抱同情心，這樣就不會對人吹毛求疵，反而會對其產生錯誤的原因加以諒解。而且，我們要時刻保持和對方站在同一立場的心態。

二、說話要溫和委婉，杜絕用刺激性或使人聽了不舒服的字眼。如果語氣令人無法接受，即使對方表面上接受了，心裡也會不服氣。

三、話不在多，指出他人的錯誤時說得越少越好，最好是一兩句話就能使對方明白，然後將話題轉到其他方面，不能喋喋不休，讓對方產生窘迫甚至反感之情。

四、面對別人的錯誤，我們指出並加以指正是應該的，但同時更應該對其正確之處進行肯定或讚揚，這樣才能使對方心理平衡、心悅誠服。

五、在說服他人之前，最好的辦法是讓對方不知不覺地認可你的想法，讓他覺得是他自己改正了，而不是在你批評之後才改正的，這一點非常重要。

六、對於別人出現的不可挽回的過失，應該站在朋友的立場上懇切地指出來，使他真心地意識到自己的錯誤並改正，而不應該一味地指責，這會讓你的朋友感到氣憤。

七、語氣非常重要，指出別人的錯誤時最好用請教式的溫和語氣，沒有任何人願意接受他人自上而下的命令式的口吻。

八、批評不一定要直言不諱，含蓄地指出他人的錯誤，能維護對方的自尊心，使他自覺地改正過失。

”暖心智慧

直接的批評會讓人很不舒服，從而引起被批評對象的逆反心理，效果很不好；而委婉的、旁敲側擊式的批評，既可以說明自己的意見，又可以避免因過於刺激而引起他人的反感，從而讓人願意接受。

有事說事，不要針對個人

遇到有人犯錯的時候，有的人習慣說這樣的話：「怎麼又是你」、「毛病又犯了」……這些話聽起來是簡單的批評或埋怨，但是事實上很容易讓人心裡不舒服。為什麼呢？

所謂「說者無心聽者有意」，也許你覺得自己所說的話沒有什麼問題，但別人會將你的無心之言當成有意在針對他。如果有可能的話，最好盡量少發表對他人本身的評價。

我們應針對事情本身發表看法，而不是針對某人本身發表批評。我們要看到事情本身帶來的問題，更要關注人們的內心感受，對事不對人，就事論事。

這才是做人該有的態度和做事該有的方式。

舉個例子，我們可以對別人說「你遲到了半個小時」，而不要說「你沒有時間觀念」；我們可以說「這件事你做得不對」，而不說「你這個什麼都做不好的傢伙」；我們可以說「那些人昨天批評我在某件事上做得不好，今天卻讚美我在另一件事上做得無可挑剔」，而不要說「那些人是朝令夕改的人」。

這就是就事論事，只針對事情進行客觀地分析，而避免評價別人的人格、興趣與家庭教養。其核心就是基於事實進行溝通，不在其中加入自己的主觀看法。

這樣做的好處很明顯，首先可以讓人更加理性、客觀地看待問題，其次可以避免人與人之間的衝突和矛盾。

每個人都渴望得到他人的信任和理解，因此對他人的一言一行都很敏感。特別是一些針對自己的批評之語，沒有幾個人願意聽到。相對而言，人們更願意聽到一些針對某件事情的對錯評價，而不願意聽到關於自身是非的批評。

「怎麼又是你」、「毛病又犯了」之類的話，有明顯針對人本身的批評傾向，很容易打擊對方的自尊和自信。

比如，你上班遲到了，如果有人批評你：「怎麼遲到的又是你？老毛病又犯了？」你可以體會一下自己的內心是什麼樣的感受。這樣的話會轉移你對「遲到」這件事的視線，原本因為遲到而感到內疚的心情，會轉變為對批評的反感。如果對方換句話說：「怎麼遲到了？多注意一點啊。」你內心的感受是不是會更好一點呢？

因此，在說事的時候，要注意就事論事，即便是批評，也要注意點，不能口無遮攔什麼話都說。你可以說「這件事不對」，但是要盡量避免說「你錯了」。

無論從人情世故來看，還是從解決問題來說，「就事論事」的說話方式實際上都很有參考和運用價值。

> **暖心智慧**
>
> 就事論事，不在於說，而在於做。嘴上說出這句：「我這是就事論事，對事不對人。」其實會讓人厭煩。明智的人不會這麼說。因為每當說出此話的時候，就會激發人們內心的聯想：「咦，這是指的誰呢？」所以真正就事論事的人，不會總是把這句話掛在嘴邊。

學會旁敲側擊地提醒

說話暖心的人總會想到更好的說話方法。比如，當別人犯了錯誤，不方便直接指出時，他們就會在適當的時候用旁敲側擊的方式去提醒、引導他，這樣往往能收到更好的效果。

在一家高級餐廳內，有一位顧客把餐巾繫在了脖子上。經理看到後很反感，就叫來一名女服務員說：

「妳要設法讓這位紳士瞭解，在我們的餐廳裡，那樣做是不允許的，但是話要說得盡量委婉一些。」

這名女服務員走到那位顧客的餐桌旁，很有禮貌地問：「先生，您是刮鬍子，還是理髮？」

話音剛落，那位顧客就立刻意識到了自己的失禮，趕快取下了餐巾。

這名女服務員並沒有直接指出客人有失體統的地方，而是拐彎抹角地問兩件與餐廳毫不相干的事情。表面看來好像是女服務員問錯了，事實上卻是通過這種風馬牛不相及的事情來提醒這位顧客，既使顧客意識到了自己的失禮之處，又做到了禮貌待客，不傷害他人的面子。這就是旁敲側擊的提醒，比嚴厲批評的效果要好得多。

郭經理是一家建築公司的安全檢查員，檢查工人有沒有戴安全帽是他的主要職責之一。剛開始時，一旦他發現有工人在工作時不戴安全帽，就會立即利用職位上的權力要求工人把安全帽戴上。其結果是，受到指責的工人要麼顯得不悅，要麼一等他離開，就又把安全帽摘掉。

後來，郭經理改變了方式，每當他看見有工人不戴安全帽時，就會上前詢問是不是帽子戴著不舒服，或者帽子的尺寸不合適，並且用愉快的聲調提醒工人戴安全帽的重要性。這樣做不僅收到了預期的效果，還讓郭經理和工人們打成了一片。

批評別人時一定要改變那種居高臨下教訓人的方法，而要以旁敲側擊的方法去提醒對方注意缺點和錯誤，這樣做有利於緩和與消除被批評者可能存在的對抗情緒，增加批評意見的可接受性，使對方感到你的批評意見是充滿誠意的，從而願意虛心地接受。

當你直接批評一個工程師：「你的程式碼有BUG。」通常他會有兩種反應：第一，他會質疑你的電腦在運作環境方面有問題；第二，他會認為是你傻，不會用。總之，面對直接的批評，人內在的逆反心理會自然而然地發出反擊：他會想是你的問題，而不是他的。

要是你能夠換種方法，委婉地對他提一個問題：

「你這個程式和預期的有點不一致，你看看是不是我的使用方法有問題？」

這時，他會本能地想：

「噢，天！是不是有BUG呢？」

然後他就自然而然地會去檢查。這樣做的效果，難道不比嚴厲的批評要好得多？

批評不是目的，能夠讓人改正所犯的錯誤才是好做法。假如你看到下屬在工作時間內有些悠閒，心裡很不高興，當即就呵斥：「這麼慢吞吞的！你是不是不想幹活了？」下屬心裡會怎麼想？肯定會想：還用你說，我當然知道要幹活了！

假如你能夠換一種方式，這樣表達：「今天下雨了，工作放鬆一些沒問題吧？」這樣的問句表達的是你的擔憂，而不是針鋒相對的批評，可以有效避免激起對方的逆反心理，同時，又具有極佳的委婉提醒的效果。當對方聽到這樣的問話後，會很自然地想：哎呀，要死了，不能再這麼坐下去了，要不然工作就完不成了。

生活中會有很多尷尬的事情發生，如果直截了當地指出，非但不能解決問題，反而會使問題更加複雜，甚至產生難以預料的後果。此時，不妨巧妙地旁敲側擊，用暗示的方式委婉地提醒對方，這樣才能更好地促使對方改變自己的行為。

因此，多動腦筋想一想，怎樣批評比較好吧。你需要培養自己的智慧，而不是縱容自己的懶惰和脾氣。不要隨意發表直接的批評，那樣做導致別人不爽還是小事，最糟糕的是，很可能引發對方的過激反應，造成更壞的後果。

問一個問題，委婉地提醒對方，引導對方的思維，讓對方自己意識到錯誤，這或許是最好的批評方式。只需要關切地問一句，就能讓對方按自己的意願去行動，還可以避免尷尬。何樂而不為呢？

不過，在運用旁敲側擊法時，需要注意的是，在話說出口之前，應先開動腦筋，從正面、反面、側面多角度地想一想，找到可以使人得到啟示的多種表達方式，然後選擇其中最好的一種，這樣才能更好地達到預期的目的。

暖心智慧

旁敲側擊法是一種既溫和、委婉又能清晰明確地表達思想的談話藝術。一方面能夠避免談及一些不想直接表達的話題，另一方面還能給自己留下較大的回旋餘地。這是交際中的一種緩衝方法，能夠婉轉地暗示並引導對方，讓對方在比較輕鬆愉悅的氛圍中頓時領悟到你真正的意思。

點到即止，批評應有度

正所謂「良言一句三冬暖，惡語傷人六月寒」。有很多人在批評別人的時候，說了很多話，立足點和出發點本來是不錯的，但就是由於不注意批評的藝術，沒有把握好分寸，從而導致無謂的誤解和爭端，以致影響了批評的效果。

劉詩和袁蘭是同事，關係很不錯，平時是兩個人經常一起去開會、吃午餐、逛街買衣服等。

同事們都知道，袁蘭的性格有些大大咧咧，而劉詩更是一直這樣認為。兩個人在一起的時候，常會開些不大不小的玩笑，相互嘲弄一番。因為瞭解袁蘭的性格，劉詩一直都覺得開開玩笑無傷大雅。

有一天中午，兩人說好一起出去吃飯，順便去了一趟洗手間。袁蘭一陣風似地搶了先。劉詩進去後，發現馬桶有些髒。

從洗手間出來後，劉詩看到袁蘭正跟另一個部門的女同事聊天，當時劉詩根本沒想那麼多，就笑著批評道：

「袁蘭，妳怎麼搞的？馬桶上面好像都沒弄乾淨啊！」

劉詩只顧著說，沒注意邊上的另一個女同事正在哧哧地笑。只見袁蘭的臉色一下子變得難看起來，然後一字一頓地對劉詩說：「妳是不是有病？」

說完，她轉身就走了，剩下劉詩站在那裡，好一會都沒明白發生了什麼事情。

後來，兩人的關係急轉直下。

為此，劉詩後悔莫及，曾多次向袁蘭解釋，雖然對方表示無所謂，但是她們再也沒有那種如同姊妹般融洽的關係了。

批評的時候，哪怕是事實，也要婉轉有度，點到即止。即便是十分要好的同事之間，也要注意表達方式。

有些話只能無人時講，有些話則根本就不能說。如果你讓對方下不了台，他就會對你產生強烈的反感，甚至會為此深深地怨恨你。

在批評他人的時候，指正的話要越少越好，用一兩句話能讓對方明白就可以了，千萬不要喋喋不休地嘮叨個不停。

有一位母親，脾氣有些暴躁。有一天吃飯的時候，她的小兒子剛吃了一口菜，就說：「好苦，好苦啊！」

母親很生氣地說：「那你就別吃菜了，只喝湯就行了。」

不一會，她的大女兒也過來吃飯，問道：「媽媽，為什麼要罰弟弟只喝湯不吃菜呢？」

母親回答道：「我做的飯菜明明很新鮮、可口，可這孩子偏說是苦的，妳說該不該罰他？」

大女兒說：「那讓我來嘗嘗。」

大女兒剛吃了一口菜，便笑著對母親說：「媽媽，您也罰我只喝湯吧！」

母親頓時一愣，繼而會心地笑了起來。

母親原本以為大女兒會順著她說話，大女兒卻委婉地表達出母親做的菜確實是苦的，點到即止，使母親在會心一笑的同時認識到自己的錯誤。

點到為止的批評，可以讓人反思，而不會陷入長時間的鬱悶心情裡。倘若你的批評不能點到即止，則會讓人無法接受。

正所謂：「響鼓不用重錘敲。」你只需要輕輕一點就行了，不用長篇大論地去開導、批評，對方就能完全領會其中的深意，並馬上糾正錯誤。

總之，在批評他人時，指正的話要越少越好，用一兩句讓對方明白就可以了。千萬不要喋喋不休地嘮叨個不停，否則就會讓對方陷於窘境，產生反感。

暖心智慧

恰當把握批評的方法、尺度，使批評達到春風化雨、甜口良藥也治病的效果，批評才更加有意義。

批評不公開，讓人不難受

犯錯並非不能指出，只是需要採用合適的方式指出，假如你打算批評某個人的錯誤，就需要考慮批評的方式。人都是有自尊心的，如果不注意批評的方式，就很可能造成衝突，這不僅不會帶來好的效果，反而會帶來不良的影響。

特別是在一些公開的場合，批評的方式尤其需要注意，委婉一些是比較合適的。當然，最好的方式是避免公開批評，採用私下談心的方式進行溝通，這樣做有助於問題的解決。

指出錯誤的情況，多數發生在角色地位並不平等的人之間，比如上司對下屬，老師對學生。而公開地指出錯誤，帶來的心理影響是相當大的，尤其是對一個人的自尊心的傷害幾乎是致命的。

有位高級教師在教育學生的時候特別注意這一點，她從來不會在公開場合批評自己的學生，被學生們譽為最好的老師。

有一次，她經過教室，聽到一位同學說粗話罵老師，她裝作沒有聽到，事後私下把這位同學請到辦公室，告訴他：「老師已經聽到你罵老師的那番話，但不想當著全班人的面批評你，老師願意尊重你，不知道你能不能也尊重老師呢？」

這名學生聽了老師的話，臉都紅了，很誠懇地承認了自己的錯誤，並向老師道歉。後來他變得很有禮貌，學會了尊重別人。

對於其他有這樣那樣缺點的學生，這位老師也盡量採取私下溝通的方式，比如聊 line、發 email 等，這讓學生們感受到了尊重和理解。

因此，有學生說：「我們的班主任老師是最好的，不像其他的老師，動不動就批評我們。她特別照顧我們的面子，所以我們特別服她，願意聽她的教誨。」

要讓別人接受你的批評，前提是不傷及對方的面子，最好的方法就是私下溝通。在任何時候，我們都要學會尊重他人，哪怕對方是我們的下級。如果像炸藥一樣，一點就炸，看到別人犯一點錯誤，就橫加指責，這樣既傷害了他人的自尊，影響了溝通的效果，同時也破壞了自我的良好形象。

其實，大多數人犯錯都是無心之失，沒有幾個人是故意犯錯的。如果你能在怒火中燒的時候，理智分析問題，並照顧對方的面子，把問題放到私下去解決，或者用其他不傷人自尊的方法解決，那麼你就會成為真正受人歡迎的人，因為每個人都能感受到你的寬容和大氣。

總之，我們要學會委婉地批評他人，特別要注意尊重他人。能夠私下溝通的問題，不要當面去指責，這樣既能達到批評的目的，同時又能讓彼此的相處不尷尬，如此才是高情商人士的做法。

> ”暖心智慧
>
> 批評，說得直白一些，就是「你不行」。假如私底下進行批評，事情還可以好好溝通。而在大庭廣眾之下，這樣批評就等於向大家宣布：這個人不行。這樣做有兩個壞處：第一，不利於溝通，不能保證批評收穫良好的效果；第二，傷人，破壞損害彼此的關係。

第十一章

犯錯道歉，感情不降溫

道歉是一項重要的交際技能，它能最大限度地降低由錯誤或失誤帶來的傷害，防範和阻止更深誤會的發生，對於修復雙方的人際關係具有重要意義。

我們犯了錯，就應及時道歉，如此才能感情不降溫，友誼不淡化，彌補過失，避免彼此關係的破裂。

一句「對不起」，換來好關係

很多人在工作或生活中出現了錯誤或過失，由於沒能認識到道歉的重要性並及時向對方道歉，結果造成了很多不必要的隔閡和矛盾。

許多問題的關鍵，不在於矛盾發生之後的解決辦法，而在於矛盾發生之前的處事方法。如果兩個人在之前採取了正確的處事方法，便完全可以避免衝突的發生。試著多說一句「對不起」，換來的不僅有和諧的關係，還有一份好心情。

當你在公共汽車上，不小心踩了別人的腳時，要說聲「對不起」；大家一起吃飯，你要提前離開，應當對大家表示抱歉，說聲「對不起」；約定的時間遲到了，不論你有多麼充足的理由，你也要說聲「對不起」；等等。

總之，只要你讓別人不高興了，就有義務對人說聲「對不起」，要做一個懂禮之人。

趕上下班時間，道路上堵滿了車輛。一輛汽車裡坐著一個男子，他焦急地按了一下喇叭，喇叭聲驚動了前面的一輛綠色電動車的車主。電動車車主轉頭看了一眼，態度不好地說道：「催什麼催，沒看到這是非機動車道嗎？」

按喇叭的汽車車主一聽這不客氣的話，原本焦急的情緒頓時變成了一腔怒火，他打開車門衝上前去，指著電動車車主：「你怎麼說話呢？懂不懂禮貌呢？會不會客氣說話呢？」

電動車車主被汽車車主手指一戳，加上一連串火藥味十足的問話，不禁大怒道：「我就愛這麼說話，關你什麼事啊！你有本事再動！」

氣氛瞬間變得緊張起來。汽車車主咧嘴瞪眼，威脅著要打電動車車主；電動車車主將車子停靠下來，從後座上抽出鎖車的大鐵鎖鍊，拿在一隻手上，另一隻手指著汽車車主，說：「有種你就再動我試試！」

汽車車主受不了這種刺激，大怒道：「就動你怎麼了？我還打你呢！」說著舉起拳頭，一拳就擊在電動車車主的臉上，隨即二人扭打在了一起。

周圍有人發現了這裡的衝突，紛紛跑過來勸架，好不容易才將二人分開，詢問這是怎麼一回事。兩個人各說各的理。這時有位老人家走了出來說道：「你們都不要爭了，這事情兩個人都有過錯。亂按喇叭不禮貌，隨便罵人不文明，動手打人更不應該，所以你們就相互道個歉，化解這段矛盾吧。怎麼樣？」

老人家的話得到了大家的附和，但兩個當事人不同意，這個說：「我憑什麼要說對不起啊，是他有錯在先，還動手打人！」那個說：「他不罵人，我怎麼會動手？應該他先道歉才對！」

老人家聽了，笑道：「好啊，你們說的都很對，實際上你們道不道歉都無所謂，就算你們打架，又關我們什麼事呢？但是你們就為這麼點小事，搞成現在這副樣子，值得嗎？你看看兩個人都頭破血流，形象全無。」

二人頓時默不作聲。老人家接著道：「其實之前你們只要有誰先說一聲對不起，根本不會發生這樣的事情。你們之前彼此不認識吧？兩個人都是初次見面，遠日無仇，近日無怨，一句話就可以化解的矛盾，何必弄得像有深仇大恨一樣呢？」

如果汽車車主能夠考慮到別人的心情，瞭解到別人也與自己一樣焦急，在胡亂按喇叭表達自己的情緒之後，能夠向被自己影響的人說一聲「對不起」，也許就不會引發後面的矛盾。

如果電動車車主聽到喇叭聲，能夠體諒別人的焦急，說一些體諒和安慰的話，或者能夠及時地為自己的失言行為說一聲「對不起」，也許就不會引起彼此的爭端，也就不會有後來的打鬥。

可惜的是，兩個人都沒有體諒他人的心情，及時認識到自己的錯誤，並為自己的過失行為道歉，以至於矛盾升級，衝突頓起，終至大打出手。

一句「對不起」就可以化解的意氣，結果鬧到頭破血流的境地，多麼不值得！

> **暖心智慧**
>
> 在地鐵上不小心踩到了別人的腳，馬上說聲「對不起」，被踩的人自然不會計較什麼了。若不承認自己的錯誤，就不能怪別人對你心生厭惡、口出惡言了。「對不起」這三個字雖然很簡單，但它的效用不是別的詞所能比擬的。

真誠道歉，贏得更多朋友

生活中，我們常常害怕承認自己的錯誤，哪怕已經知道自己做錯了。因為我們太愛面子，所以一旦發現自己犯錯，便習慣尋找諸多藉口來掩飾或者狡辯，卻不知道這樣做很容易讓別人反感。

因為說話暖心的人知道，只有及時認識到自己的錯誤，誠懇地向人家道歉並主動承擔責任，才能得到別人的原諒，贏得人心。

在第二次世界大戰中，德國納粹組織曾經殺害了歐洲很多無辜的百姓。全世界的人民只要一提到納粹，沒有一個不咬牙切齒的。但是，德國人用自己真誠的道歉化解了這些仇恨。

一九七〇年，德國時任總理威利．布蘭特在華沙猶太殉難者紀念碑前，出人意料地雙膝下跪，為納粹的罪行表示由衷地懺悔和沉痛的謝罪，從而贏得了世界人民的原諒和尊重。德國前任總理施洛德也面對華沙起義死難者紀念牆深深鞠躬，為當年納粹的暴行表示深深的羞愧和歉意。

二〇〇三～二〇〇五年，德國政府又在柏林市中心當年希特勒自殺的遺址附近，建造了占地二萬平方公尺的大屠殺紀念碑林，旨在紀念六百萬在「二戰」中死難的猶太人，再一次向世界人民表明了「不忘歷史」的決心。德國這種深刻反省、誠懇道歉的態度，贏得了世界人民的寬恕和諒解。

德國前總理施洛德還告誡所有德國公民，納粹分子的暴行讓很多國家的人民深受其害，德國民眾必須向他們真誠地道歉，並且強調說：

「納粹暴行給德國留下了不光彩的一頁，我們必須為此而懺悔，不能再讓歷史重演！」

施洛德的真誠道歉讓德國和周圍的鄰國相處得越來越融洽，德國也因此贏得了國際上更多的朋友。

很多人平時自視清高，把面子看得比什麼都重要，所以一旦犯錯，他們首先想到的不是趕緊道歉，而是如何文過飾非。因為他們覺得道歉很丟面子，是自己能力不夠的表現。但事實恰好相反，道歉不是什麼丟臉的事，而是真摯和誠懇的表現，是尊重他人、尊重自己的表現。

真誠的道歉是一種善意的信號。通常情況下，人們對於善意的信息都會做出友善的回應，這樣道歉者就很容易得到對方的諒解，甚至對方會因為你的主動道歉而欽佩你為人大度，從而結下寶貴的友誼。

那麼，真誠道歉具體該如何做，才能更加得體有效呢？通常情況下，真誠有效的道歉包括以下三個部分的內容：

第一，承認自己有錯或冒犯了對方。有的人只是嘴上乾巴巴地說一句「對不起」，就好像完成一項任務似的，根本沒有意識到自己的錯誤，更沒有承認自己做錯了事，結果道歉也沒有效果。所以，道歉之前，一定要認識到自己的錯誤，並承認自己犯了錯。

第二，對自己的錯誤行為表示悔恨。這一部分也很重要。有些人雖然知道自己錯了，也承認了自己的錯誤，但他沒有特別當回事，給人一種不知悔改的態度，這樣的道歉同樣不能得到好的效果。

第三，承擔相應的責任。承認了錯誤，也擺出了一副後悔的樣子，但不想承擔責任，這就會讓人懷疑你道歉的誠意。有許多人覺得道歉的目的就是避免承擔責任。最常見的情況就是：「我不是道過歉了嗎？為什麼他還不依不饒的？」其實，往往就是因為光有口頭上和態度上的道歉，沒有在行動上承擔相應的責任，這樣的道歉自然無效。

> **暖心智慧**
>
> 推卸責任的人一定會被人討厭，因為凡事他們首先找他人的問題，不懂得先檢討自己。而勇於承擔責任的人則不然，出了任何問題，他們首先想到的是承認自己的錯誤。

知錯就改，善莫大焉

在我們學習道歉的過程中，一定要領悟道歉的真義。道歉不只是為了得到他人的原諒，更重要的是為了改正我們所犯的錯誤。

古語有云：「人非聖賢，孰能無過；過而能改，善莫大焉。」這句話的意思是：我們都是普通人，吃五穀雜糧，有七情六欲，不是聖人和賢人，誰能不犯錯？錯了能夠改正，沒有比這更好的了。

有一次，小林在和同事聊天時，開玩笑地說：「我們領導就像個機器人一樣！」不巧的是，上司正巧經過旁邊，聽到了這句話。不過，上司看起來似乎沒有什麼特別的反應。

事後，小林想了想，自己雖然只是說了一句玩笑話，但背後議論人，確實不應該。既然知道自己錯了，就有必要承認錯誤。

於是，小林決定主動敲開上司辦公室的門，請求上司抽時間談一談。小林本以為上司會拒絕，沒想到他同意了。

小林很慚愧地說：「對不起，主管，我不該背後議論您。您工作的時候一絲不苟，很少有笑容，總是一副嚴肅的表情，有些冷冰冰的，所以我才覺得您像機器人。請您原諒！以後，我會注意的。」

結果上司聽了這番話，不僅沒有不高興，反而笑了起來，說道：「沒關係，你說得對。你能主動來找我，我非常高興，說明你是個坦率真誠的人啊。沒想到我在你們眼裡的形象是這樣的，看來以後我要努力學會善解人意，做個微笑的領導。」

小林的坦率道歉，主動承認錯誤，不但沒有損害自己的形象，反而因為坦誠得到了上司的賞識。

當我們做錯了某件事情的時候，大可不必回避過失，相反，坦然道歉，主動承認錯誤，並及時改正，才算領悟了道歉的精髓。

小林通過道歉，主動承認自己的錯誤，並把問題講清楚，不僅化解了上司心中的不快，順利消除了自己的言行失誤帶來的危機，更為重要的是，還因此展現了自己「坦率做人、坦誠直言」的良好形象，這是十分難得的。

因此，只要我們發現自己犯了錯，就要懂得主動承認錯誤，然後迅速去改正。

如果我們的語言或行為傷害了他人，也同樣要主動認錯。這樣，我們才能擁有更好的人際關係。在工作中要如此，在婚姻生活中同樣要如此。

老劉需要長期出差，與老婆聚少離多。有一次他回家，正好趕上結婚紀念日，但是老劉已經將這件事情忘得一乾二淨了。

吃晚飯的時候，老婆突然說：「我覺得我們的婚姻現在一點浪漫的氣氛也沒有了。」

老劉笑道：「妳指的浪漫是什麼？」

老婆說：「以前你經常對我說我愛妳之類的話。現在我已經很久沒聽到了。」

老劉詫異地說：「都老夫老妻了，還說這樣的話，妳不覺得肉麻啊！」

老婆說：「不必天天說，聖誕節說一次，情人節說一次，我的生日說一次，還有一些特殊的日子說一說。但是，現在你什麼都忘記了，哪怕是今天這樣特殊的日子。」

老劉一愣，想了想，猛然想起說：「今天是我們的結婚紀念日！」老婆苦笑。老劉連忙向愛人道歉：「對不起，親愛的。」

老婆淡淡地說：「我已經習慣了。」

一個月後，老婆正在上班，忽然收到了一束紅玫瑰花，花裡放的卡片上寫著：

親愛的老婆，請原諒我，祝妳生日快樂。

從此以後，每個特別的節日裡，老劉都不忘給老婆送上祝福，哪怕只是發一個溫馨的短信。他們又找到了幸福的感覺，家庭氣氛也更加和諧。

認識到自己的錯誤，承認自己的錯誤，道歉是十分必要的，但更為重要的是改正自己的錯誤。當我們犯了錯誤後，能夠彌補的要想辦法去彌補，不能彌補的要保證以後不再犯，不要只是道歉而已。

> **暖心智慧**
>
> 認錯不會沒面子，不認錯引發爭端才沒面子。如果錯在你，應該立即承認。做錯事情，首先承認自己的錯誤，比讓別人發現後提出批評要好，這會讓別人對你的感覺好很多，也利於解決問題。

道歉要主動，更要及時

金無足赤，人無完人。與人相處的過程中，難免會說錯話、做錯事，或在心靈上給人帶來巨大的痛苦，或在物質上給他人造成巨大的損失。對此，如果我們能夠及時認識到自己的錯誤，主動承擔責任，真誠地向對方道歉，往往是可以得到他人原諒的。

孔子的弟子子貢說：「過也，人皆見之；更也，人皆仰之。」每個人都不可避免地會做錯一些事情。做錯了事情並不可怕，只要能夠坦然面對，及時向他人道歉，還是會得到別人的諒解的。高情商人士發現自己的問題後，會主動、及時地承認錯誤，向人道歉，而絕不拖延。

美國開國總統華盛頓曾經以真誠的道歉贏得了別人的尊重。一七五四年，華盛頓當時還是一位上校。在一次選舉維吉尼亞議會議員時，一個名叫威廉·佩恩的人極力反對華盛頓所支持的候選人。

於是，華盛頓和佩恩發生了激烈的爭論，華盛頓忍不住說了一些冒犯佩恩的話。佩恩非常生氣，一拳將華盛頓打倒在地。華盛頓的部下看到此情此景，立即趕了過來，準備替華盛頓報仇。華盛頓當場阻止，並命令他們返回營地。

第二天早上，華盛頓遞給佩恩一張紙條，要求他盡快趕到當地一家小酒館去。佩恩如約而至，他本以為要和華盛頓在此進行一場殊死搏鬥，令他感到意外的是，他看到的不是手槍而是兩個酒杯。

華盛頓笑著說：「佩恩先生，犯錯乃是人之常情，糾正錯誤是一件光榮的事。我相信昨天是我不對，你已經在某種程度上得到了滿足。如果你認為這件事可以到此結束，那麼請乾了這一杯——讓我們成為朋友吧！」

從此以後，佩恩成了一個熱烈擁護華盛頓的人。

如果我們發現自己錯了，就要及時向對方道歉，絕不能敷衍了事，也不要去爭辯是非得失。

計較太多，不但得不到對方的諒解，而且還會受到道德上的譴責，我們的人格、形象也會受到損害，使我們失去朋友，失去友誼。

有心理學家指出，做錯事後道歉不應過急或太遲，最佳的「道歉時機」是在犯錯後的十分鐘至兩天之內。

如果有些客觀因素導致不適合在當下道歉，那麼也不宜將時間拖得過久，最晚不要超過一週。否則，一旦對方心中的積怨已深，那麼你的道歉效果將會大打折扣。但如果雙方都在氣頭上，立刻道歉的效果也好不到哪裡去。在冷靜過後的第一時間道歉，才是最為理想的選擇。

如果你很快就意識到自己的錯誤，並打算向對方及時道歉，那麼你可以試著用這樣的句式：「剛才的事情是我的態度不好，讓你受委屈了，我真誠地向你道歉……」在你的道歉中，要包含這幾個元素：

第一，勇於承認自己的過失，不找藉口；

第二，認同對方的情緒，因為認同感會起到緩解「疼痛」的作用；

第三，真誠地道歉後，試著給出補救辦法。

道歉時，要語氣溫和、態度誠懇、不卑不亢，目光友好地注視著對方，並盡量多使用禮貌詞語，不能帶有任何挑釁成分，否則就會適得其反。

具體來說，道歉用語應當文明而規範。比如，對他人有愧疚之處，應該說「深感歉疚」、「非常慚愧」等；渴望對方見諒，應該說「多多包涵」、「請原諒」等；妨礙了別人，應該說「對不起」、「不好意思」、「失禮了」等。

> **暖心智慧**
>
> 千萬不要小看道歉的作用。每個人都不可避免地會犯一些錯誤。犯錯誤並不可怕，只要及時向他人道歉，及時改正錯誤，就可以得到理解和原諒，贏得朋友。

不爭不辯，互相體諒更貼心

講理是天經地義的事情，但要以理服人才行。若是講理不能服人，只能讓人生氣，那麼就別講了。特別是生活裡面的一些小事，往往只要你一句「對不起」，我一句「沒關係」，就完全可以解決好，也就不必爭論不休了。

不要每一場談話都想贏，你贏了道理，可能會輸了感情。尤其對你的家人，對你的好朋友，就不要那麼好勝了。有些人為了滷蛋好吃還是茶葉蛋好吃，爭論爭到翻臉，有必要嗎？若非大是大非，還是把勝利讓給對方吧。

說話暖心的人，懂得講理要有分寸，遇到非原則性的問題，不會去爭論那麼多。特別是工作中常見的一些小矛盾，不必爭論不休，以大局為重，做好事情為根本，才是情商高的表現。可惜，我們常常不瞭解這些，結果陷入無意義的爭論之中，忘掉了自己真正的目的。

榮先生是一家裝潢公司的設計人員。有一次，他們給一家單位製作一個大燈箱。安裝這天，客戶單位的負責人堅持要裝潢公司的安裝人員按照他建議的方案安裝燈箱，結果安裝到一半的時候，因為操作方法不當，燈箱摔壞了。

榮先生得知此事後，非常生氣，理直氣壯地找那家單位的負責人理論：「我說你也太多事了，安裝燈箱是我們的事，你怎麼可以指手畫腳呢？這損失算誰的？」

那家單位的負責人自知理虧，連忙道歉道：「不好意思，是我多了幾句嘴，沒想到事情會弄成這樣。」然而榮先生還是不依不饒：「不好意思就解決問題了嗎？」

那單位負責人見榮先生沒有緩和的意思，也不高興了，聲音提高了幾分，說：「雖然我是說了幾句，但我不過是提了個建議，他們是專業人員，當時怎麼沒有說明這個建議存在問題呢？」

榮先生一聽更火了：「這麼說你是想賴帳啊？」單位負責人更不高興了：「你怎麼說話呢？會不會說話？」

兩個人你一言我一語地吵了起來。榮先生自覺占理，最後丟下一句話：「我們法庭上見。」後來，榮先生回到公司，將事情往上一彙報，結果上司不僅沒有支持他，反而批評了他一頓。

就像故事裡的榮先生那樣，如果能夠好好說話，根本不會把事情鬧僵，結果就因自己占了一個「理」字，便意圖以理壓人，如此自然會讓人感到不爽了。

生活中有些人喜歡抬槓，一搭上話就針鋒相對，無論別人說什麼，他都要加以反駁。你要說是，他一定說不是；你要說不是，他又說是了。還有些人是因為心裡一時不爽，就開始沒完沒了地跟人講理，結果激起了對方的憤怒情緒。

犯以上這樣錯誤的人有很多，而且經常自己察覺不到。為什麼會這樣呢？因為他不喜歡聽取別人的意見，而且自以為比別人高明，事事要占上風。即使他的見識真的比別人高，這種態度也是要不得的。

說白了，這種人是缺乏風度。相比之下，歷史上那些名人說話得體，主要是因為他們具有寬容大度的胸懷，更懂得為人處世的智慧。

在生活中，我們不可避免地會遇到一些小矛盾，這時如果雙方能平心靜氣地講明道理，相互禮讓，就有利於化解矛盾，消除隔閡，從而建立和諧的人際關係。

須知，人人都有自尊心和好勝心，若是你不懂得退讓之道，斤斤計較，不給他人一點台階下，那麼對方必然不肯善罷甘休。其實，很多時候不爭不辯，退一步，不但能使事情更加順利，還能攢下人情，何樂而不為呢？

暖心智慧

生活中隨時都有可能發生矛盾，當矛盾發生的時候，應忍住即將爆發的情緒，靜下心來，與人商量怎麼解決問題，這樣才能阻止矛盾的激化。若是自己錯了，要主動道歉。即便自己沒有做錯，也不要著急，有時主動退讓一步，會讓事情更容易解決。

第十二章

會做人，嘴笨也能交朋友

表達能力強的人在交際場上得心應手，應答自如，可以建立良好的人際關係；而表達能力弱的人則很容易對人際交往活動喪失信心。那麼，嘴笨的人就應該被排斥在交際的邊緣嗎？其實不是這樣的。讓人暖心不只是會說話，會做人同樣能讓人感到舒服。

隨時叫出他人的名字

想要成為一名高情商人士，起碼你要掌握一項技能，那便是：記住他人的名字。基於每個人的自尊心，人們總是相當在意自己的名字。牢記別人的名字，並正確無誤地叫出來，對任何人來說，都是一種尊重、友善的表現。因為名字使人在眾人中有獨一無二的存在感。

想像一下，如果你的名字被人忘記，如果你總被人稱為「那個誰」，你的心情會是怎樣的呢？想必肯定不會太好吧。如果你能夠隨時叫出他人的名字，就能得到他人的好感；相反，如果你忘記他人的名字，則會遇到尷尬的社交場面。

一年秋天，榮先生到一個老鄉家拜訪，女主人指著旁邊一位年輕姑娘問他：「你還記得她是誰嗎？」榮先生望著面前這個文靜而秀氣的女孩，頭腦一片空白，對她毫無印象，一時愣在那裡不知說什麼好。

女主人在一邊說：「別著急，再想想。」那位姑娘也期待地望著榮先生。在這種情況下，如果榮先生說不記得她了，對她算得上是一個沉重的打擊。榮先生拚命回想，可關於這個面孔的記憶仍是一片空白，他無奈，只好搖搖頭：「不記得了。」當時，他很明顯地感覺到那位女孩的失落和難堪。

這個時候，女主人提醒他說：「春天，香山，春遊……」於是，榮先生的記憶閘門突然打開了。

那年春天，榮先生參加了一次在京同鄉的活動，這位女孩也參加了，而且，從香山回來時，她還坐在他的自行車後座上，他們一路上還說了不少話。

榮先生想起這些事後，更不知道說什麼好，當時場面極為尷尬。過後每次想起這件事，榮先生就埋怨自己：當時怎麼這麼笨呢？

記住他人的名字，是相當重要的社交技能，不可忽視。

每結識一個人，都要認真地記錄下他的名字、家庭成員、工作、愛好等相關信息，然後反覆加深記憶，這樣一來，等你再見到他們的時候，就可以輕鬆地與他們交談了。

當你偶然遇見久違的人時，能夠準確地叫出對方的名字或對方的稱呼，對方就會感到莫名的高興和自豪，因為他意識到自己是受人重視的。

記住他人的名字，能體現你對一個人最基本的尊重。或許有人會說：「我就是記不住，要是實在想不起對方的名字，這個時候該怎麼辦呢？」

事實上，很多人都遇到過這樣的尷尬場面。這個時候，你要學會採取一些措施來化解尷尬，維持良好的氛圍，以免破壞對方的好心情。

比如，可以不提對方的名字，照常跟人敘舊，說：「看著很面熟，以前肯定見過，讓我想一想……哎呀，原來是你呀！真對不住，沒能馬上想起來。不過你不能怨我，因為幾個月的時間，你的外貌竟會變化這麼大。真的，你比那時變得更漂亮了！」

這樣一說，多半能補救剛才的失誤，至少可以解決一些問題。千萬不要沉默不語，那樣只會讓場面變得愈發尷尬。

當然，這樣的措施都屬於補救過錯的方法，如果可以，你最好還是從一開始就記住人家的名字。在與陌生人第一次見面時，別人告訴你他的姓名，你可以重複一遍，或者一個字一個字地問一下對方，以保證記牢對方的名字。

暖心智慧

嘴上笨一點兒沒關係，只要你確實尊重他人、重視他人，就好像記住他人的名字，這樣一件小事，如果你能夠做好，就會讓人感到格外舒服。

以誠待人，暖人更暖心

在現實生活中，每個人都希望自己被更多的人喜歡，然而，並不是每個人都能意識到，要使他人喜歡自己，首先要喜歡他人。這種喜歡必須是真誠的、發自內心的，絕不能另有所圖。

唯有以誠待人，才能暖人暖心。如果你不知道如何用語言來獲得朋友，那麼可以通過行動上的真誠、態度上的謙和來贏得友誼。

美國著名政治家富蘭克林年輕時，曾被推選為賓夕佛尼亞州的議會秘書。而在此之前，他曾被一位議會議員在演講中罵得狗血淋頭。如何對待這位「冤家對頭」呢？如果「以牙還牙，以眼還眼」，論口才，富蘭克林絕對不是這位議員的對手。

富蘭克林聽說那位議員有幾部很珍貴的藏書，便寫了一封語氣誠摯的信，表示自己很想向他借閱那些書。那位議員收到信後，果真把書借給了富蘭克林。一週之後，富蘭克林把書還給那位議員，並附上了一封誠摯的感謝信。

結果，當二人在會議室裡相遇時，那位議員主動親切地向富蘭克林打招呼，並和富蘭克林愉快地交談起來。就這樣，二人逐漸成為莫逆之交，他們的友誼一直持續到那位議員去世。

富蘭克林沒有試圖用口才去說服他人，也沒有與其大吵大鬧，卻用謙遜的語氣去表達自己的真誠。就是憑藉這種「以誠待人，以柔克剛」的方法，富蘭克林在交際中贏得了良好的人際關係。

真誠，能讓他人感到舒服，也能讓你成為受歡迎的人。事實上，在社會交往中，人們最渴望的就是真誠。唯有真誠，才能勾起人們發自內心的喜歡。而虛情假意、矯揉造作，固然也能取悅人一時，但一旦被人察覺，那博得他人的歡心便會隨之蕩然消失。

那麼，我們該怎樣表達內心的真誠呢？

第一，真誠待人，就要學會關心他人。如果你過多考慮自己，就沒有精力和時間去關心和照顧別人。別人得不到你的關心，自然也不會去關心你。如果你能夠時刻不忘關心他人，那麼別人自然能夠從你的關心中體會到那真摯的感情。

第二，主動邁出第一步。絕大部分的人都有這樣的心態：別人對我好，我才對別人好。但這是失敗者、普通人的心態。如果你要獲得更多朋友，就要與眾不同，主動邁出第一步，去關心、幫助別人。

第三，對人好，不抱企圖。在日常的人際交往中，要做到毫無所圖顯然是不容易的，甚至是不可能的，但要做到真誠卻是可以的，只要不那麼功利即可。在相處時，他人有困難便多幫忙，多付出，這樣可以使雙方的友誼得到更好的發展。

第四，真誠並不是嘴上說說就可以的，必須要有所行動。以誠待人是一種積極交往的心態。當你能發自內心地去接受對方時，對方往往就能夠感受到你的真誠。

第五，在與別人交往的時候，不要有意地去用謊言和欺騙行為去獲得短時間的好處。只要出於真誠，即使有了過錯，別人也會報以諒解和同情，而虛假與欺騙，得到的最終只能是別人的鄙夷與不屑。

總而言之，在五彩繽紛的生活中，在錯綜複雜的社會裡，以誠待人更加容易受人歡迎。

”暖心智慧

真誠給人以溫馨，真誠讓生活充滿激情與快樂。真誠不是智慧，但它常常放射出智慧般的光芒。有許多憑智慧得不到的東西，靠真誠卻能得到，因而有人說：「在生活的舞台上，不能靠演技，只有真誠才能打動每一位觀眾的心。」因此，請記住，要真誠待人。

肯定他人的付出與功勞

在現實生活中，我們常常特別強調自己的功勞，卻很少看到別人的努力。事情做成功了，是「我」的能力強；事情失敗了，是客觀原因造成的，是別人的問題。這樣常常會讓我們不得人心。

說話暖心的人，絕不會推崇自己，而忽略他人的努力。他們懂得真誠分享的道理，他們不會標榜自己有多麼厲害，而是隨時肯定他人的付出。事情做成功了，是大家的支持帶來的結果；事情做失敗了，也要感謝大家為此付出的努力。

曹操打敗袁紹後，決定北征烏丸。但是，當時許多人都反對曹操攻打烏丸，反對的理由有兩條：

第一條，烏丸是少數民族，不值得去打；

第二條，勞師遠征、後方空虛，若南方的劉表乘虛而入，該怎麼辦？

而曹操卻認為，袁紹對烏丸是有恩的，現在自己戰勝了袁紹，袁紹的兒子卻跑到了烏丸，若是二者聯合起來，對統一大業將極為不利。於是曹操出兵了。

結果，這一場戰爭雖然取得了勝利，但是勝得非常艱難，曹操付出了慘重的代價。班師回朝後，曹操便讓手下查當初那些反對攻打烏丸的人。眾人聽到這個消息，個個惶惶不安，都以為要大禍臨頭了。

誰知，曹操宣布給這些曾經反對北征的人以重賞。大臣們都非常驚訝，便問曹操為什麼。

曹操說：「你們這些人勸我不要攻打烏丸是正確的，我此次獲得勝利，完全出於僥倖，這是我的錯誤。希望你們繼續給我提建議，以免我再次走入險境。」從此，曹操手下的人更加歸心。

若你想要獲得更多人的支持，那麼就要學會肯定別人的貢獻。當你獲得成功的時候，不要只想著標榜自己，而應注意別人做出的努力和貢獻。因為，放低自己，肯定他人，給他人一些榮譽，這將讓你獲得更多的支持。

有位演員得到他人的稱讚，他卻誠懇地說：「拍戲的時候是大家一起吃苦，可是被誇的往往只有演員，我覺得很愧疚。」這就是情商高的表現。生活中，你被人誇了，獲得利益了，要分享經驗了，這些時候一定不要忘了提到對這件事有幫助的人。

記住，分享榮耀的時候，要提到別人。

如果事情失敗了，也不要忘記別人對你的支持。這樣做才能得人心，讓人在以後的日子裡不遺餘力地繼續支持你。

在職場上如此，在日常生活中也是如此。當你得到別人的幫助時，不要忘記說一聲「謝謝」。即使他人的付出很少，甚至根本沒能幫上你的忙，也不要忘記他人的付出。

無論事情成敗，朋友幫了我們的忙，一句感謝是不可少的：「張哥，昨天那事你受累啦。」不要小看這樣一句客套話，若是沒有，很可能會讓人感到失落。

對方為你的事情花費了心神和時間，哪怕沒能幫上你，至少這份情你應該領。因此，好好地說一句感謝的話並不為過。如若不然，對方就會覺得你這個人不懂事，並由此而變得冷淡。

高情商人士懂得感恩，懂得分享，更懂得肯定他人的付出和功勞。在生活中，我們不必總是標榜自己，哪怕我們的能力很強，也不要忘記來自別人的支持。肯定他人的付出，獲得他人的好感，你會成為真正受歡迎的人。

暖心智慧

看功勞不看苦勞，是現代社會常常提到的觀念，也被人們認為理所當然，然而苦勞是不可抹殺的。只有說話暖人心的人才懂得肯定苦勞的存在和意義。

放大格局，學會寬容

法國文學家雨果說：「世界上最廣闊的是海洋，比海洋更廣闊的是天空，比天空更廣闊的是人的心靈。」狹隘的心胸只會帶來狹隘的人生，而寬容的心態會給你帶來豐富的人生。只有把心胸放開，才能收攏人心。

一個高情商人士，有與眾不同的大格局，博大的胸懷是其人生之中的應有之義。大度之人不會計較個人的得失，往往能夠以大局為重，照顧到他人的面子，讓人感到舒服。

小董是名牌大學畢業的，人很文靜。她初到一家事業單位工作，單位裡要寫很多材料，由於她對公文寫作不是很熟，於是每次寫好後，她都要給同事老王看，待老王修改完，她再拿去請科長審查。

很快，小董的材料越寫越好，老王已經沒有什麼可以修改的了，可科長仍舊東塗西抹，不留情面。小董沒說什麼，依然很謙和地請科長批改。老王為此憤憤不平，他認為以科長的水平已經修改不了小董的文章了。

老王以諷刺的口吻說：「他現在雖然是科長，但是也不能隨便修改科員的文章。」小董只是笑，顯得一點也不介意。有時被老王說急了，她也只是說：「不就是改材料嗎，又不是修改我的人生。」

由於小董的謙虛、勤奮和才能，科長很賞識她，把她推薦給上級宣傳部門，小董上調了。有一次，上級要求科裡寫一份題材，題材組織好後，科長讓人先送到宣傳部門，說是請上級把關。

兩天後，小董把題材修改好，科長再把這份題材呈報給上級，結果得到了上級的好評。科長很滿意，說：「小董水平可以了，我沒有看錯人。」

小董拿出錢來請大家吃飯，老王私下裡對小董說：「妳應該讓科長請妳吃飯才對，那文章是妳寫得好。」

小董說：「那怎麼行，我會寫題材本來就是你們教的，我得感謝你們才對。」老王又說：「這回科長再也不敢亂改妳寫的題材了吧。」

小董笑道：「沒有科長指點，我的進步也沒有這麼快。」老王當時喝多了，就沒細想。回來後，想起小董的話，又想到自己，感到很慚愧。

如果你是一個大度的人，必定會讓人感到輕鬆，讓人產生信賴感和安全感。因為大度的人善於理解人和體諒人，不會拒人於千里之外，相反能以明達和氣度接納別人，讓人萌生親近之心。

當然，大度不是唯唯諾諾、忍氣吞聲，不是唯命是從、諂媚奉承，更不是明哲保身。真正大度之人不計較小處，在大原則上卻絕不糊塗。他們不會放棄做人的原則。

要做到大度，就要從幾個方面入手：

第一，不計較眼前得失，放眼長遠；

第二，不與人攀比爭勝，多為他人考慮；

第三，不推卸責任，勇於挑起重擔。

總之，以寬容大度的心胸待人處事，這是迅速獲得他人好感的好方法。

”暖心智慧

說話暖心的人都有大格局、大胸懷，懂得寬容對待他人。你未必要說多少話，只要你有寬廣的胸懷，做人大度，不去斤斤計較，必然能夠讓人覺得舒服，擁有良好的人際關係。

假裝不知道，忽視尷尬繼續聊

在人際交往中，面子是一個大問題。遇到難堪的時刻，我們總會好心地說一些解圍的話，好讓當事者趕緊擺脫尷尬。但這樣的熱心在某些情況下並不適用，甚至可能會讓對方轉尷尬為惱怒。

正如卡耐基所說：

「往往有這樣的人，他們知道別人出了洋相，就主動地去安慰人家，還自以為別人會非常喜歡這樣的方式，會用感激的目光看著他。其實，別人最希望的，就是你假裝不知道他出了洋相，沒有嘲諷，也沒有安慰。」

所以，如果發生在別人身上的尷尬情景觸及了對方的自尊心，我們假裝沒發現他陷入尷尬，就是最貼心的解圍方法。用你的「不知道」幫他遮掩尷尬，不讓他丟面子，對他來說就是最大的安慰。

這招是指對別人說出的引發尷尬的話裝作沒聽到或沒聽清楚，用其他話題含混帶過，是一種避實就虛的處理方式。

一家五星級賓館招聘客房服務人員，經理給應聘者出了一道題目：「假如你走錯了房間，推門進去看見一位女客人一絲不掛地在沐浴，而她也看見你了，這時候你該怎麼辦？」

第一位應聘者答：「說聲『對不起』，就關門退出。」

第二位應聘者答：「說聲『對不起，小姐』，就關門退出。」

第三位應聘者答：「說聲『對不起，先生』，就關門退出。」

結果，第三位應聘者被錄取了。

為什麼？因為前兩位回答的雖然都是實話，但於事無補，會讓客人產生解不開的尷尬心結，唯有第三位的回答很巧妙——假裝沒看清，稱對方為「先生」，對方就會想：他竟連我是女的都沒看出來，那應該沒有看清楚吧。這就大大降低了尷尬的程度，極大地化解了對方心理上的羞憤感。

可見，當看到別人陷入尷尬而自己又沒有好的解圍方法的時候，假裝不知道，不去戳破那一層窗戶紙，不失為一種妥當的處理方法。

葉小姐為參加朋友舉辦的一次隆重派對，第一次穿上了高跟鞋和超短裙，還化了比較濃的妝。朋友們見到她這樣的打扮，一片驚呼。她自然而然地成了聚會的焦點。

在跳舞的時候，葉小姐的一隻鞋跟折斷了，短裙也不小心撐裂了，她只好裝作若無其事的樣子，一瘸一拐地回到了座位上。

一曲終了，大家都走下場來，方先生走過來坐在葉小姐對面。葉小姐十分尷尬，生怕被他發現了，趕忙說腳扭了，有點不舒服，所以早點下來坐一會。

方先生並不看她的傷勢，只是叫了兩杯飲料，說：

「妳平時看起來就文文弱弱的，一定要小心啊，妳看連我都渾身溼透了，妳肯定更累吧。以後多鍛鍊鍛鍊，再穿上今天這麼漂亮的衣服，那麼效果肯定超棒！」

兩個人聊了半天，方先生始終沒有再提起她的傷。其實，他早就看到是怎麼回事了，為了不讓葉小姐太尷尬，故意裝作不知道。而他這一「知而不言」的舉動確實讓葉小姐長長地舒了一口氣。方先生佯裝不知，避免了尷尬。

在社交場合，許多人遇到意外狀況之後，即使假裝不在意，其實心裡面還是會有個疙瘩。所以，有時候當別人遭遇尷尬時，你的安慰可能只會讓對方感覺沒面子。

這時，故作不知或者說一句痴話，讓當事人以為別人沒發現他正處在尷尬之中，釋懷內心的糾結不安，才是最好的方法。

> **暖心智慧**
>
> 你未必要特別會說話，有時傻一點兒其實更好。古人說「難得糊塗」。特別是在別人尷尬的時候，如果你不知道怎麼去化解，就不要去談尷尬的問題，乾脆就裝作不知道吧。這是一種能夠讓人鬆一口氣的智慧。

後記

很多人認為高明的語言表達來自天生的語感，可實際上，說話就像做菜，是有規律可循的。只要掌握了菜譜，任何人都可能做出美味的佳餚。同樣的道理，語言表達的技巧是可以通過學習而掌握的。

舉個生活中的例子。

有一位媽媽，帶著孩子一起過馬路。為了孩子的安全，她拉住孩子的手，說：「這裡很危險，拉住我的手。」可是，孩子不願拉她的手。不論她說多少遍，孩子都不願意拉著她的手過馬路。於是，她以為孩子不乖，可事實是她不懂得孩子的心理。

當她說出那句警告的話時，就意味著將他當成孩子看待，可孩子不願被人當成小孩。那該怎麼說呢？

後來她想清楚了這個問題，就換成這樣的說法：

「媽媽一個人很害怕，你能不能拉著我的手一起過馬路？」

結果孩子很開心地牽住了她的手。

這是利用「被認可欲」來達成說話目標的。孩子被當成大人看待，這讓他覺得自己的能力得到了肯定。

你看，語言表達技巧是不是可以學習的呢？

沒有誰天生會說話，說話暖心的人都是通過觀察、思考和學習才逐漸提高了語言表達能力。希望本書能夠在這個方面幫到您。

國家圖書館出版品預行編目資料

99% 的人贏在說話有溫度：說好說滿，不如說話溫暖！一開口馬上贏得好感的暖心話語學 / 李勁作. -- 初版. -- 臺北市：平安文化，2019.8　面；公分. --（平安叢書；第 637 種）(溝通句典；46)

ISBN 978-957-9314-34-3（平裝）

1. 說話藝術 2. 口才 3. 人際關係

192.32　　108010980

平安叢書第 0637 種

溝通句典 46

99%的人贏在說話有溫度

說好說滿，不如說話溫暖！一開口馬上贏得好感的暖心話語學

作　　者—李　勁
發 行 人—平　雲
出版發行—平安文化有限公司
台北市敦化北路 120 巷 50 號
電話◎ 02-27168888
郵撥帳號◎ 18420815 號
皇冠出版社（香港）有限公司
香港銅鑼灣道 180 號百樂商業中心
19 字樓 1903 室
電話◎ 2529-1778　傳真◎ 2527-0904
總 編 輯—許婷婷
執行主編—平　靜
責任編輯—蔡維鋼
美術設計—兒日設計
著作完成日期— 2018 年
初版一刷日期— 2019 年 08 月
初版七刷日期— 2023 年 03 月
法律顧問—王惠光律師

讀者服務傳真專線◎02-27150507
電腦編號◎342046
ISBN◎978-957-9314-34-3
Printed in Taiwan
本書定價◎新台幣 340 元 / 港幣 113 元